rhwng y llinellau

christine james

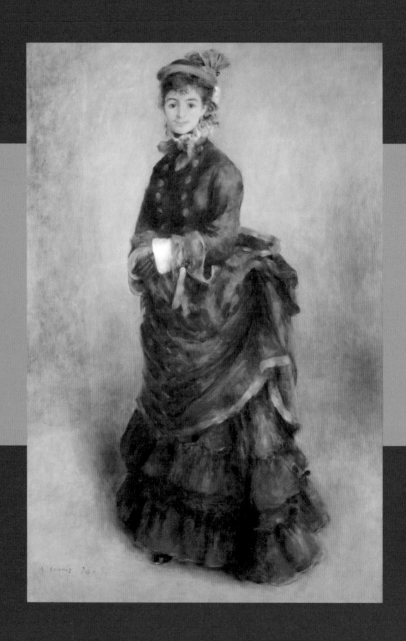

rhwng y llinellau

christine james

Cyhoeddiadau Barddas

2013

Argraffiad cyntaf: 2013
ISBN 978-1-906396-63-3

Dymuna'r awdur ddiolch i Gyhoeddiadau Barddas am eu gofal wrth lywio'r gyfrol drwy'r wasg.

Cyhoeddwyd gyda chymorth ariannol Cyngor Llyfrau Cymru.

Cyhoeddwyd gan Gyhoeddiadau Barddas.

Llun y clawr: *La Parisienne*, Pierre-Auguste Renoir; Casgliad y Chwiorydd Davies, Amgueddfa Genedlaethol Caerdydd

Argraffwyd gan Argraffwyr Cambrian, Aberystwyth.

i Trystan Marc

cynnwys

rhagair

Trech plufyn na gordd, meddai'r hen air – ac y mae plufyn hefyd yn
llawer mwy amrywiol ei effaith a'i ergyd nag unplygrwydd gordd.

A minnau wedi ennill fy mara menyn ers dros chwarter canrif
bellach trwy ddarllen a thrafod llenyddiaeth Gymraeg o'r chweched
ganrif hyd at yr ugeinfed yng nghwmni to ar ôl to o fyfyrwyr ym
Mhrifysgol Abertawe, gwn yn iawn am allu geiriau i gyffwrdd, i
gyffroi, i annog ac i ysbrydoli gwrandawr neu ddarllenydd. Peth
llawer mwy diweddar yn fy mhrofiad i, fodd bynnag, oedd dod i
werthfawrogi'r grym hwnnw o'r ochr arall, o gyfeiriad yr awdur.

Er fy mod wedi mwynhau 'potshan gyda geiriau' er pan oeddwn
yn ifanc, ac er imi hyd yn oed gyhoeddi ambell gerdd o bryd i'w
gilydd dros y blynyddoedd, ni lwyddais i wir ganfod fy llais fel bardd
tan aeaf 2002–3. Yn ystod y gaeaf hwnnw, mewn cyfnod o salwch
difrifol, cefais gyfle i ddechrau dysgu ymateb i'r byd mewn ffordd
a oedd yn hollol newydd i mi ar y pryd, sef ymateb i brofiadau
annisgwyl bywyd, a dod i delerau â hwy, trwy fentro ysgrifennu
amdanynt – a gwneud hynny trwy geisio awgrymu yn hytrach na
dweud. Am y tro cyntaf dyma sylweddoli'n fyw iawn fod mewn
barddoniaeth allu cynhenid i ddweud mwy o adael o leiaf ryw
gymaint o'r disgwrs heb ei fynegi'n uniongyrchol, a bod gadael

peth o ystyr cerdd yn hongian rywle rhwng y llinellau yn ddull llawer mwy croyw o ganu na phegio'r cwbl yn y golwg fel dillad ar lein.

Ond mae i 'linellau' teitl y gyfrol hon arwyddocâd pellach, gan fod cyfran dda o'r cerddi a gyhoeddir yma'n rhai ecffrastig – sef rhai sy'n ymateb i luniau neu weithiau eraill o gelfyddyd. Mae i'r dull ecffrastig hen hanes yn y Gymraeg sy'n mynd yn ôl i'r Oesoedd Canol, ond lle y mae'r enghreifftiau canoloesol yn tueddu i fod yn ddisgrifiadol, a'n beirdd cynnar fel petaent yn ceisio ail-greu llun neu adlunio darlun mewn geiriau, cynnal deialog â gweithiau celf a wnaf i yma gan amlaf, neu roi llais benthyg iddynt – neu dro arall sylwi ar fanylyn bach a fu'n fodd i danio'r dychymyg neu gyffwrdd â'r galon. Ym mhob achos y mae'r ymateb yn un personol yn hytrach nag un 'academaidd' – er imi ymchwilio'n drwyadl i bob un o'r gweithiau celf dan sylw cyn mentro ysgrifennu amdanynt.

Cynnyrch y deng mlynedd rhwng 2003 a 2013 yw'r cerddi a gyhoeddir yma. Ymddangosodd sawl un ohonynt o'r blaen, yn *Barddas*, *Taliesin*, *Golwg*, *Cyfansoddiadau a Beirniadaethau'r Eisteddfod Genedlaethol*, ac yn y casgliadau *Cerddi'r Cymoedd*, *Gair o Gelf*, cyfrolau *Féile Filíochta* a *26 Treasures*, a charwn ddiolch i olygyddion y cyhoeddiadau hyn i gyd am eu parodrwydd i gyhoeddi fy ngwaith. Y mae llawer o'r cerddi, fodd bynnag, yn gweld golau dydd am y tro cyntaf ar y tudalennau hyn. Y mae sawl dilyniant yma: 'cerddi claf', a luniwyd mewn ymateb uniongyrchol i gyfnod o salwch yn 2002–3; y dilyniant 'egni' a gyflwynais i gystadleuaeth y Goron yn Eisteddfod Genedlaethol Casnewydd a'r Cylch, 2004; y casgliad 'llinellau lliw' a ddaeth i'r brig yng nghystadleuaeth y Goron yn Eisteddfod Genedlaethol Eryri a'r Cyffiniau, 2005; ynghyd â 'celf a cherdd', y gyfres o gerddi a luniais yn sgil y gwahoddiad i fod yn Fardd Preswyl y Lle Celf yn Eisteddfod Genedlaethol Caerdydd a'r Cylch, 2008. Y mae llawer o'r cerddi eraill yn troi o gwmpas fy niddordebau personol ac academaidd – mewn hanes a llenyddiaeth, ac yn arbennig yr Oesoedd Canol a'r cyfnod modern cynnar, mewn materion ffydd a chred, a hefyd yn hanes cymoedd diwydiannol de Cymru a'u sefyllfa bresennol, ac fe'u gosodais yma mewn adrannau thematig bras. Rhydd i bob darllenydd ymateb i'r cerddi hyn fel y mynno, wrth gwrs, ond cynhwysais adran o nodiadau ar ddiwedd y gyfrol sy'n tynnu sylw at rai o'r pethau a oedd yn mynd trwy fy meddwl wrth imi eu llunio.

Carwn ddiolch i Gyhoeddiadau Barddas am gomisiynu'r gyfrol hon, ac i Elena Gruffudd, Golygydd Creadigol Cyhoeddiadau Barddas, am ei gofal manwl wrth lywio'r gwaith trwy'r wasg. Y mae'r gyfrol wedi'i harddu'n ddirfawr gan y delweddau lliw sy'n cyd-fynd â nifer o'r cerddi, ac rwy'n ddiolchgar i Sefydliad Ymchwil Coleg y Celfyddydau a'r Dyniaethau Prifysgol Abertawe am y gefnogaeth ariannol a'm galluogodd i gynnwys cynifer ohonynt.

Heb anogaeth fy ffrind Manon Rhys a chefnogaeth fy ngŵr, Wyn, ni fyddai'r gyfrol hon yn bod, a braint yw cydnabod fy nyled a'm diolch iddynt ill dau. Braint hefyd yw medru cydnabod cefnogaeth gyson fy mhlant – Eleri a Jon, Emyr a Catrin, ac Owain – ynghyd â'u dawn ddigamsyniol i gadw traed eu mam yn solet ar y ddaear. Ac yn olaf, pleser arbennig yw diolch i'r aelod diweddaraf o'n teulu, fy ŵyr bach cyntaf Trystan Marc, am fod mor barod ei wên, sy'n ddigon i roi cân yng nghalon unrhyw un. Ac yntau'n dathlu ei ben-blwydd cyntaf wrth imi roi trefn derfynol ar y gyfrol, iddo ef y cyflwynaf y casgliad hwn.

Christine James
Mawrth 2013

llinellau lliw

arddangosfa

(i'r *Gusan*, Auguste Rodin)

Ymlusgo'n ddiogel ddiflas o lun i lun
heb weld 'run diben
i'r daith falwen
ar hyd orielau fyddai'n farw
oni bai am ein siffrwd slei
– tewch, ferched! –
a gwich gorfodaeth
ein sgidiau synhwyrol,
gweddus,
yn gyfeiliant
i'r sylwebaeth fwll;

heibio i ryw lilis dŵr mewn pwll,
a glaw mawr ar gae
yn rhywle,
ac eglwys gadeiriol
yn machludo'n syrffedus
ar noson na welsom
harddwch gwrid ei gosber
y prynhawn hwnnw;

ymlaen at bontydd, dŵr dan niwl,
nes ein hatal
gan dalp o realaeth,
i'n golwg ni,
a'n tynnodd yn gylch
annisgwyl ei awch am gelf,
a ninnau'n gegrwth
wrth gywilydd noeth
cwlwm o gusan gain;

cyn ein hysio ymlaen
– dewch, ferched! –
o olwg anwes efydd, llyfn fel llaid
ar fron, ar fraich,
o olwg pwysau llaw,
meddalwch parod clun,
at blatiau, tebot propor,
ac arddangosfa arall
fu'n llai angerddol ei hargraff
ar glai ein glasfeddyliau
ddiwedd prynhawn poeth.

y Ffrances a'r Gymraes

(i *La Parisienne*, Pierre-Auguste Renoir)

Ai'r lliw a dynnodd dy lygaid, Gwen?
yr asur mor danbaid â'r awyr
ar brynhawn Sul diog o Awst,
a llyfnder afon Seine yn llepian
bysedd poeth fel cusan pali,
ei siffrwd tywyll fel y dail
y cysgodem danynt rhag y gwres
cyn rhodianna eto'n ôl, fin nos,
tua'n swper ar fraich ein *beaux*.

Neu'r toriad, efallai, fu'r atynfa, Gwen:
afradlonedd sidan, plyg ar blyg
yn rhaeadr chwil o grychau *chic*
a dasgodd o ffynhonnau'r *nouveaux riches*
yn ewyn nwyd dan enw ffasiwn,
a'i phwytho wedyn hyd ffansi
gwniadwreg fwy crefftus na'r cyffredin,
une madame a chanddi enw yn y ddinas
ymhlith gordderchau'r *bourgeois* a'r *élite*.

Ai dirgel chwennych ffrog fel hon
i wenu'n fursen ar Sabathau swil
Llandinam, darbodaeth Tregynon,
a'th yrrodd, Gwen, i'm prynu
eilwaith fel putain? fy ngosod fyth
i sefyll yn nrws y tes llesmeiriol
yn borth i lenwi llygaid barus,
heb unwaith deimlo mwythau maneg cariad
mewn rhyw sioe o bilyn benthyg?

Neu a sylwaist ar yr esgid fach,
ei blaen yn mynnu brigo dan y godre glas
fel cnwbyn cudd o'r glo mân
fu'n fodd i gyfoethogi gwlad?

cysgod y gadeirlan

(i *Eglwys Gadeiriol Rouen: Machlud Haul*, Claude Monet)

Doedd angen fawr o iaith
i ddeall meddwl hwn
a'i gwpan o law yn gwthio
i ganol ein pryd byrfyfyr
yng nghysgod y gadeirlan.

Awr offeren *al fresco* yn Rouen:
ninnau'n gwledda'n ddigywilydd rad
ar lathen o *baguette*,
a hwn yn dod â gwynt y gwin
i'w ganlyn.

Ni fynnai fara,
a dirmygodd ein dyrnaid arian mân
yn fygythiol floesg;
roedd am gael rhagor,
gan godi llais wrth enwi swm
tu hwnt i goffrau iaith,
cyn poeri'n hael
a gweu cwrs sydyn
ar draws y sgwâr
at rai eraill, gwerth eu poeni.

Ond glynodd blas ei wrthod
fel afrllad ar daflod;
ac wrth wylio'r cerrig cynnes
yn toddi yng ngwin *rosé* haul yr hwyr
cripiodd ei fegera'n gysgod gothig
ar hyd cynteddau gorllewinol
y gadeirlan.

ar oleddf

(i *Glaw – Auvers*, Vincent van Gogh)

'Bydd y tristwch hwn yn para byth.'
Vincent van Gogh

Mor dyner
dyner
y syrthiai'r
dafnau cyntaf;
eu disgyn
ysgafn yn anwes
gras annisgwyl
ar wres
y pridd sawrus,
yn offrwm pêr
i'w ffroenau ei hun
dros fethiant ei fod.

Ac eto'r dafnau'n dod,
yn dyner
dyner eto,
nes diferu'n gysgodion
o law *pointillist*
i'r clai coch
cyn anweddu
heb olwg gwellhad.

Yn awr y gawod guchiog
sy'n troi byd ar ei ben,
yr anarchiaeth glaf
o gwmwl
yn aredig yr awyr
gan ollwng ei llafur
yn ddadwrdd
o dywysennau plwm
i'w frest;
a blaenffrwyth erwau'r
nefoedd gau yn ffusto
terfysg y môr melyn
na fyn ufuddhau iddo byth.

A'i feddwl chwip
yn ei erlid fel cysgod brân
trwy gaeau hun,
mae'r llafnau mud
yn rhaselu eto i'r bywyn
mewn storm o law
nad oes ffoi bellach
rhag ei llachiadau
i ddiogelwch
yr anheddau llwyd,
na gwella dim
ar ei gwrymiau
na'u goleddf annigonol.

hedfan

(i *Cymylau Arian*, Andy Warhol)

Wrthyf fy hun
ar gangen o wynt
a'r awel yn wal o wefr
yn fy wyneb
mae'r byd islaw
islaw sylw
mor bell
â'r llun hwn
o'm hunan
fach
mewn drych
â'i drwch
o graciau mân
neu'r pecyn gwag
sy'n fy ngyrru
i estyn
estyn fy llaw
heb feddwl am ymyl arian
na chwilio chwaith
am gortyn cudd.

Silver Clouds / © 2013 The Andy Warhol Foundation for the Visual Arts, Inc. / Artists Rights Society (ARS), New York ®

blodau Mair

(i *Madona'r Geian*, Raffaello Santi [Raphael])

Awr fach yn yr ardd
cyn swper bob nos,
a minnau wrth fy modd
yn enwi blodau fy ngwanwyn
yn eu tro i'w ddiddanu,
a bedyddio'r rhai nad adwaenwn
yn bleser inni'n dau.

Dacw'r rhedyn a'r rhosmari;
dacw fy nghanhwyllau
wrth y gwrych,
ysnoden a chribau i'm heurwallt
yn y llwyn;
a gwisgwn am f'enw
fantell ac esgid,
a chario f'allweddau wrth fy ngwregys
fel petawn i'n arglwyddes
ar ei fyd bach.

Ond hon a ddewisodd
i'w chludo i dŷ ei dad
ar ddiwetydd:
ceian wyryfaidd
yn gwrido'n goeswan
fel morwyn wrth ei rhoi i ŵr;
pob petal
yn smotyn o waed sych
ar y gynfas lân.

Ac wedi iddo gymryd
ei wala o laeth fy mronnau,
a chysgu o'r diwedd,
llifodd fy nagrau
am na ddewisodd
gywain imi lili.

gollwng

(i *Creu Adda*, Michelangelo Buonarroti)

ffarwelio â'n mab hynaf ym Maes Awyr Heathrow

Fe gest ti'r rhain cyn dy fod,
yn etifeddiaeth ysgafn
i'w chludo'n rhwydd o'm côl:
delw fy nghnawd a gair yn gân.

A chyn iti flysio am flasu
cyffro ffrwythau'r wlad bell,
rhois iti'r ardd hon i'w rhodio
a'i meddu'n gron Gymraeg.

Rhwng pob pilyn pwrpasol
a aeth i'r baich di-hid ar dy gefn,
taenais gariad fesul tafell denau
fel na phwysai arnat ddim.

Ac fel na wyddit amdani
gwthiais fy ffedog i gefn y drâr
gyda'r rysáit am lo pasgedig
a pherlysiau'r blasusfwyd bras.

Ond cyn llacio llinyn ein llygaid,
rhof iti'n bwn y bwlch rhwng bysedd
fydd iti'n fesur ar y rhyddid rhwth
sy'n agor o'r fan hon hyd gibau'r moch.

noethlun

(i *Dawns y Gorchuddion*, Pablo Picasso)

Gosodais hi i orwedd ar obennydd
a thynnu'r llenni'n ofalus
i greu'r gwyll hwn ar ein cyfer.

Pwysai yn ôl ac ymlaen ar fy nghais,
pob ystum i'm boddhau,
a minnau'n penderfynu,
ar chwiw yn y diwedd,
ei chymryd y tro hwn ar ei hochr,
ei choesau ymhlŷg
a'i braich y tu ôl i'w phen
i brofi llawnder ei bronnau.

Ni fûm i fawr o dro drosti,
yn olrhain amlinell tyn
cyhyrau clun a chefn,
yn meistroli llyfnder cnawd
a'r cysgodion dirgel
dan fol, dan fron,
cyn ei thalu a threfnu
cwrdd eto, yr un amser,
ymhen yr wythnos.

Ni fentrais edrych unwaith
dan orchudd ei phroffesiwn,
heibio i'r mwgwd dychryn,
rhag ei throi yn fenyw fyw.

lliwddall

(i *Trefniad mewn Llwyd a Du*, James Abbot McNeill Whistler)

Pan fydd y goleuni a adlewyrchir gan wrthrych
o fewn amrediad y mae'r gwyliedydd yn ansensitif
iddo, bydd y gwrthrych yn ymddangos yn ddu.

Am fod hisial main y lleisiau diarth yn ei chlust
mewn iaith nas mynnai'i whilia erioed
yn troelli'n lluwch o nifwl llachar am ei phen,
gadawyd hon i syllu'i hun o ymyl bod
y llymdra hwn, i ryw bellteroedd draw,
tu hwnt i'r ffrâm,
lle taena cyfoeth sgyrsiau ddoe o hyd
eu perlau glân ar odre llenni trwm ei chlyw,
i'w casglu eto, fesul gair,
i'r nisied glaerwen yn ei chôl.

Ac am y collai hithau'i golwg ar y lliw
oedd yn ei llun, a dim ond adlais hanes pŵl
i'w wystlo am oleuni'r parch a fu,
dychmygwyd hon i ffrâm
sydd prin yn ffitio:
rhyw gornelyn o gorff, a'i chadair gaeth
mor ddiddychymyg syth â Sul
y rhai a fynnodd roi amdani sgertiau llaes
eu meddwl monocrôm eu hun.

ymgolli mewn cusan

(i'r *Gusan*, Auguste Rodin)

Pâr yng ngonestrwydd noeth
cwlwm perthynas berffaith:

dall i bob mynd a dod,
y sefyllian a'r sibrwd;

y chwerthin ifanc, swil,
neu hen ochenaid ysol,

a thwtian ambell un
na phrofodd serch ei hunan,

heb weld ystryw efydd
pâr ar goll yn ei gilydd.

Un arall, nad yw'n y llun,
sydd â'r hawl i'r gusan hon
a'r anwes anghyfreithlon.

Wrth dderbyn gwth gwres ei gnawd
ar wefus, i'w chôl barod,
rhoed llafn trwy galon priod.

Nid dechrau'r ffordd i'w gwynfyd
mo'r gusan yn hanes 'rhain
ond porth Dinas Dolefain.

Ac wrth hir syllu eto ar ddau
a rewyd yng ngwendid
eu nwyd,
ni ellir ond pendroni
ai ef sy'n gwthio
ynteu hi sy'n ei dynnu
wysg ei chefn
dros ddibyn dedwyddwch,
a'u llygaid ar gau
i'r golledigaeth
sy'n gorwedd o hyd
yng ngenau cwlwm
o gelwydd noeth.

ar risiau'r amgueddfa

Oedaf yma bob tro
i gyfri'r cynfasau,
eu rhowlio'n dynn yn y cof
i'w dangos eto yn y man
ac archwilio dan olau arall
orfoledd gwewyr eu gwead cudd.

egni

alffa

Yn y dechreuad
nid oedd
dim
ond gwendid
yn ymlusgo fel anadl
ar wyneb dyfroedd gwag
di-lun di-liw;
dilyw diffaith
anobaith.

Yn y dechreuad
nid oedd
gair
a roddai enw
ar yr awel, am nad oes
ym myllni anamserol
y tachwedd tragwyddol
yr un awel, nac awen,
nac awydd i'w henwi;
dim ond gwyll
fel gwynt llesg
yn toi'r dyfroedd gwag
diddiwedd.

Yn y dechreuad
nid oedd
dim

am na wyddwn na geiriau
na gwyddor
llenwi'r môr marw.

Ac o dan y dyfroedd dim, daear sych
a'i bronnau'n grychiog, ei thethi'n galed,
a hen groth hesb yn gwegian am gân.

y coma caeth

Coma mewn bocs:
deigryn dan warchae;
diferyn o destun byw
yn difaru ei ddiffinio;
'chaiff atal 'run anadl
mewn arch.

Gad e'n rhydd i ddiferu
rhwng y geiriau crimp
i iro'r ystyr
a gwlychu llwnc brawddeg grin
sy'n gwichian ei ffordd i'r glust;

defnyn o darth
er mwydo daear sych
a deffro egin gwewyr bardd
mewn coma.

lluwch geirie

Pe medrwn,
fe ddwedwn –

Pe medrwn,
fe rannwn –

Pe medrwn
fe roddwn
dro ar esbonio –

Pe medrwn,
dywedwn
am d'wyllwch sy'n disgyn
fel barrug ar dalar,
am blu geirie gwyllt
yn chwythu trwy goetir,
rhy chwim i'w rhwydo,
am rewi pob pentir.

Pe medrwn,
eglurwn
am gesair yn ffrewyll
o gosb ar y blaendir;
am gawod o gaddug
yn cau am y mynydd,
am eirie yn lluwchio,
yn twmblo nes tagu
pob llwybr i'r lle
y mynnwn
ei glirio,

pe medrwn.

dalen newydd

Nid dydd hen dabled wêr
i sgythru arno â nodwydd ddur
siapau atgofion aflafar
sy'n toddi dan fy ngwres fy hun;

na rhyw lechen lwyd o ddydd
i wichgrafu'n drwsgwl arno
ymarferion o hanesion,
a'u dileu â blaen bys a phoer;

nid dydd y sgrin werdd
sy'n torri a phastio brawddegau eildwym
yn storïau syrffedus
all ddiflannu wrth bwyso botwm;

ond dydd dalen wen
y prawf goleuni
all ddryllio sbectrwm
profiad yn dalpau i'w dal.

wonabî

'Ni ddylai unrhyw egni creadigol
ofni gwneud ffŵl ohono'i hun byth.'

D. Tecwyn Lloyd

Ai gwell cadw'n ddistaw na bod yn fardd gwan;
tynnu llygaid dychymyg allan nes 'mod i'n ddall
i bob delwedd a ffurf all ymgynnig yn drosiad
i roi llun ar brofiad, deall murlun fy mod?

Ai gwell bod yn dawel na llunio cerddi sâl;
gadael teimladau gwyllt ar chwâl i'w crwydro
rhydd; yn lle brwydro i'w torri a'u trefnu,
eu gyrru dros gof a chefnu ar eu cynnwrf?

Ai gwell peidio â thrio na sgrifennu cerddi crap;
cau clustiau'r meddwl i rap a rhythm seiniau
sy'n siglo'u cluniau'n ddiddiwedd trwy 'mhen
i'w curiad cynhennus a'u cyffro eu hunain?

Onid gwell peidio â mentro na bod yn fardd gwael? ...

Pan ddaw rhyw wefr ddi-ffael o drin geiriau
pa eisiau sydd iti roi ffrwyn ar dy awydd?
Rho adenydd i'th awen – a cher gyda'r llif!

deffro'n fardd

Dihunais yn gynnar ryw fore
a'r awen yn prancio trwy 'mhen;
lluniais baladr englyn cyn rhoi troed dros yr erchwyn,
a'r esgyll wrth godi y llen.

Roedd soned yn swigod y gawod
(un Shakespearaidd, a'i hodlau yn dwt),
a thra'n sychu fy ngwallt gweithiais gerdd ddychan hallt
a'i hergydion yn ffraeth ac yn ffrwt.

Bu'r wyau'n cytseinio â'i gilydd,
y cig moch yn lled-odli â'r tost,
a thros lestri'n y sinc fe glywais i dinc
y gynghanedd yng nghnoc dyn y post.

Fe es i i hwyl eisteddfodol
wrth roi cinio i'r teulu ar gân,
ond aeth cawl yn gawdel wrth weithio ar awdl
a'r llafariaid wedi'u torri'n rhy fân.

Ac roedd gormod o odlau'n fy nghoffi,
a bai crych a llyfn yn y lla'th,
a phan welais bum cwpled yn bentwr ar garped
y lolfa, rhois gic slei i'r gath.

Roedd delweddau yn dringo y walydd,
bu trosiadau yn ddeudrwch ar lawr –
a rhoeswn dro'n llawen yng ngwddwg yr awen
er cael ganddi lonydd am awr!

ar hyd yr un llinellau

Brawddeg o drên yn hysio ei hystyr
mewn rhesiad o goetsys, pob un yn llwythog,
yn llithro yn araf dros gledrau cyfarwydd
y llwybrau diogel o lasddur ysgleiniog,
rhigolau rhagdybiau a syniadau parod.

Grym y gystrawen yn gwthio, yn tynnu
cerbydau o eiriau sy'n cydio'n ei gilydd
wrth redeg yn rhugl ar hyd yr hen draciau,
pob un yn gafael yng nghwt ei ragflaenydd
rhag colli ar rythm y synnwyr a'r ergyd.

Brawddeg o drên yn disgyn i dwnnel
annisgwyl ansicrwydd sy'n drysu ei rhythmau:
adlais atsain – atgof adlais arall –
a llwyth y trên bellach yn pwyso ar seibiau
rhwng ei gerbydau gwag.

clera

Rhuthr gwyllt am y goleuni,
hen reddf yn ei hyrddio o guddfan
ei llonyddwch ei hun.
Ni fennai rhu'r tywyllwch arni ddim
nes tanio myrdd canhwyllau'i llygaid
a'i gyrru, ei gorfodi tua'r golau.

Ei gwewyr sy'n mesur y gwydrau,
ei sgwario hi yn erbyn pob cwarel
yn ei dro,
am dro
nes blino.

Hwrdd eto a'i hadenydd
yn morthwylio'i phen ar y ffenest,
yn mynnu,
yn methu
nes marw
a gorwedd o'r diwedd
am y gwydr â'r goleuni

mewn distawrwydd
na allaf ei glywed
am fod fy mhen yn llawn
o'r lle y bu:

ei gwewyr yn grwnan
gwib geiriau,
ei rhuthr yn rhythm
sy'n ei hyrddio'i hun
at y sgrin o'm blaen,
yn mentro,
yn mynnu,
yn marw
am gael ffordd
at sgwaryn o ffenest
nes gorwedd o'r diwedd
am y gwydr â'r goleuni
mewn distawrwydd.

omega

Bu farw'r Awdur

Nid sŵn cyn ei seinio:
nid gair cyn ei glywed
gan glust sy'n ei ddeall,

ei dderbyn fel dwrn
yn cau am bob sain,
yn dal pob sill
yn saff, pob stori'n sownd
yng nghledr y clyw.

Nid yn nerth y dweud mae dawn,
ond yn y gwrando grymus
distaw.

cerddi claf

dwy gawod yn yr hydref

yn y Friendly Inn, Cambridge, Mass.

10.10.2002

Cawod Ebrill ym mis Hydref
yn gân ar groen;
gwewyr nodau'i mil
cusanau gwyllt
yn gyffro, *crescendo*,
yn gynnwrf ar gnawd
sy'n deffro eto, gan droi
andante tua'r gwres;
mae'n golchi'r gwanwyn
i'm gwefusau, yn ernes
o'r byd newydd
sy'n agor, blaguro, blodeuo
wrth dderbyn mwythau myrdd
bendith *dolce* y dŵr.

25.10.2002

Storom gaeaf o gawod
yn erlid hen ddeilen
newydd ddisgyn o'i lle,
ei chwipio a'i chystwyo,
ei gorfodi i grymu
rhag nodwyddau dur y dŵr,
rhag ffrewyll annisgwyl
y siom sy'n llifo
o'r hafan hon
trwy'r strydoedd academig
cyn cronni yn y sgwâr,
nes boddi'r dail sy'n dawnsio,
dawnsio yno o hyd
yng nghwteri gwag y gwynt.

brad fy nghyllyll hirion

yn y Friendly Inn,
Cambridge, Mass.,
16 Hydref 2002

Trwy hirnos f'estroniaeth unig
daeth llafnau miniog dur
i'm trywanu o bell
gan daro ergyd
ar ben ergyd
i'm twyllo
cyn taro
eto
ac eto
hyd berfeddion fy nos
nes i'w gwreichion
dasgu a fflamio
serio düwch
amrannau
un bore
oedd
oer
ac
a fu
ac sydd eto
ac eto daw'r llafnau o hyd
i'm herlid a'u hyrddiant
didostur yn fy stelcian
o bell i'm trywanu
o ben draw byd
adlais ergyd
wrth ergyd
yn gwanu
i'r byw
gwan
eto
ac
eto fyth daw glas eu cysgod
i wawdio hyd waliau a chwerthin
am chwydd a chlwyf a chofio
eto'r cywilydd wrth blygu
i chwydu fy ngwacter
wrth chwysu braw
a magu meddwl
yn gelain oer
yn nüwch
fy nos
hir
i.

dwylo

yn Ysbyty Cambridge, Cambridge, Mass., 16 Hydref 2002

Cyrch o bob cyfeiriad, y 'stlumod dwylo,
cysgodion ar walydd ogof braw yn gwibio
rhwng gwybod ac anwybod a gwybod eto;
cyffyrddiad pob aden *latex* yn consurio
atgof arall na allaf ffoi rhagddo ...

yr a f l o n y dd u
bodio   a   byseddu
cyffwrdd   ceisio
cloddio   cleisio
twtsio   teimlo
tylino
archwilio   arbrofi
gafael gwthio
gorfodi

ch
w
i
s
t
r
e
ll
u

nes lliniaru
          lleddfu
             ll o n y dd u
                   ac y m l a c i o

    yng   ngofal
          rhywogaeth
             warcheidiol
                eu   dwylo.

51

cyffyrddiad llais, goslef llaw

yn Ysbyty Cambridge, Cambridge, Mass., 16 Hydref 2002

i Sioned a Manon

Dan lygaid cau
rwyf yma'n gwrando;
tu mewn i lonyddwch gwneud
rwyf yma'n nofio mewn niwl,
yn gwrando'n dawel,
tra'n ymbalfalu estyn llaw
trwy bellterau'r llenni llwyd
at ddarnau'r jig-so mil o leisiau
na allaf eu cysylltu –
nes cael yn sydyn
rhwng bysedd fy nghlustiau
ddarn cyfarwydd dy lais,
cysur cyffyrddiad
dy Gymraeg,
llyfnder eli gwyn
yn lleddfiad ar glwy.
Ac er fy mod i'n bell,
gwn dy fod di
yma.

Dan lygaid cau
rwyf yma'n gwrando;
tu mewn i lonyddwch gwneud
rwyf yma'n nofio mewn aer melys,
ar suddo yn fy môr mêl,
yn gwrando o'r gorwel
ar storm sy'n torri'n dyrfau,
Babel eu bysedd croch
yn byddaru, drysu, dallu,
nes imi glywed
goslef gosteg dy law ar law,
acen ysgafn dy fysedd
yn siffrwd ar dalcen,
yn murmur yn fy ngwallt.
Ac er fy mod mor bell –
llygaid llonydd, corff cau –
gwn dy fod dithau
yma
gyda mi.

gollwng gwaed

yn Ysbyty Cambridge, Cambridge, Mass.

Un y bore, a hen glwy'n
fy mlino eto –
melltith y gwythiennau main
a hwythau'n mofyn gwaed.

Rwy'n ildio braich
i un nodwyddog
gael cwrso'r gwaedlestri
sy'n dianc i'w gwâl
mor llyfn â llwynogod;
maen nhw'n llawer rhy siarp i hon.

Yng ngwyll gwneud y ward
gwrthoda'r gwythiennau
ollwng diferyn
nes dyfod o'r diwedd
y dyfarniad swyddogol
(os nad meddygol-
fanwl): '*bad veins*'.

Tros gefnen y gwely,
rownd trwyn y troli,
daw pennaeth cotwen
i geisio'r dihirod, eu gorfodi
o oriau mân eu cilfachau.
A'i lais mor feddal â'i fysedd,
blasa bob gair
yn llawn cyn ei ollwng
fel cylch mwg:
'*You got veins there, lady?*'

Nid f'ateb ond f'acen
sy'n denu ei sylw:
gŵyr fy mod yn Gymraes;
gall osod Cymru'n union
ar fap ei fyd. Ac wedyn
daw'r cwestiwn
mor sydyn â saeth i'm cefn,

> *'Wales ... Cymrû ...*
> *Tell me, lady,*
> *how d' ya get Wales*
> *out of Cymrû?'*

Rwy'n treiglo cnau ffrengig
cyfarwydd yn fy llaw, gan hulio
seminar o gulni'r gwely:
dyma hudo'r alltudion
mewn cychod o'r cyfandir
i stelcio'u twyll o biler i bost
nes gwneud estroniaid o gymrodyr
yn eu bro eu hunain.

Ef nawr yw'r tiwtor:
ei enw (yn ei iaith ei hun)
yw Brân;
gŵyr yntau straeon
am gyndadau pell, am rai
a'u galwai eu hunain
'Y Bobl'
(tafodau syth, genau anhyglyw)

cyn eu troi'n gadnoid
i'w cwrso trwy'r coed,
cyn eu lladd fel llwynogod
gan rai gwelwon a'u gyrru
gwyllt tua'r gorllewin.

A chyn codi'r haul ar fore Sadwrn arall
dylifa cyd-wladwyr dau fyd
ar draws map diffeithleoedd hanes,
yn dylwyth i'w drapio
gan y garanwynion,
y dieithriaid o'r dwyrain;
    ac wrth i benaethiaid feddwi eto
    ac eto
    ar win helaeth Eden
    gan adael i'w gwaddol
    suddo i sancteiddrwydd y tir,
    dechreua'r gwaedlestri
    ollwng yn rhudd,
    yn loddest i'm Brân wen.

meirch nos

hunllef

Storm o feirch chwim ar garlam o'r gorwel
mor rhwyfus â'r gwynt, eu pennau'n uchel
heb yr un marchog, eu myngau'n chwip oerfel.
Rhai glas, rhai gwyn, disylwedd, diafel
fel mwg yn anweddu, ac eto ar annel.
Mellt llygaid dall. Hylltod eu gweflau
dros ddannedd sy'n malu ewyn du angau.
Drewdod eu hanadl. Dwndwr eu carnau,
carnau meirch tyrfus yn stablad y glannau,
cyn gyrru trwy'r ward gan ddymchwel gwelyau
i'm pwyo i'r pridd yn gelain o glwyfau.

ynysig

(i *Noethlun Glas*, Pablo Picasso)

hunllef

Rwy'n ynys fach mewn môr mawr:
paid â chyffwrdd â mi nawr.

Rwy'n ynys fach mewn môr mawr:
gad lonydd imi, wnei di, nawr.

Rwy'n ynys fach mewn môr mawr:
mae'r gwynt yn dechrau codi nawr.

Rwy'n ynys fach mewn môr mawr:
mae'n bygwth storom cyn y wawr.

Rwy'n ynys fach mewn môr mawr:
mae'r tonnau'n sgubo drosta' i nawr.

Rwy'n ynys fach mewn môr mawr:
mae'r cerrynt yn fy nhynnu i lawr.

Rwy'n boddi yn fy môr mawr.

Estyn law;
          rho gymorth –
                    nawr.

cyfri'r oriau

yn Ysbyty Cambridge, Cambridge, Mass., fore Sul, 20 Hydref 2002

deuddeg

Mae cloc Iard Harvard yn mesur y nos
yn gydrannau cyfartal, pob pwyth yn ei le
ar hyd gwnïad deuddydd,
dwy wythnos.

un

Atalnod llawn. Cau gât gorffennol yn glep,
gosod ffin na chaf ei chroesi eto
heb *visa*. Fi.
Un
unig
ar ddi-hun ...

un, dau

Bardd disglair y brifysgol
yn cynganeddu'r nos yn llinellau cyhyd;
cwpled cytbwys acennog
a'i adlais llaes yn flinder
ar glust,
ar gorff
na ddaeth cwsg i'w gysuro
eto
        ... ac ni ddaw.

un, dau, tri

Trillais unsain,
triongl o nodau clir
a'i onglau hafal yn seibiau perffaith
yn torri, treiddio, trychu'r tawelwch ...
        daeth crafanc trwy ffenest fy nos
        a gwasgaru'n Triawd fel mân us
        yr hwn a chwâl y gwynt ymaith ...
yn nistawrwydd concrit
y Tri yn Un
triaf gysgu eto:
        ... ni huna ac ni chwsg ...

un, dau, tri, pedwar

Ergydion morthwyl y miloedd milltiroedd
rhyngof i
a man y mynnwn fod.
Y cloc yn cyfri'r creithiau,
y clymau yng nghortyn tyn
caethiwed claf.
Blinais ar fod yma
ond rwy'n effro,
    effro
        o hyd ...

un, dau, tri, pedwar, pump

Yr oriau sy rhyngof a'n nifer,
yn deulu,
a dyddiau'r disgwyl
        cyn ein cyfannu.

Ac ar gip –
eiliad o dragwyddoldeb annisgwyl –
gwn am gofio a gweddi
rhai a fydd yn cwrdd y foment hon
(na wawriodd yma eto)
am ddeg ar fore Sul ...

        ... ac yng nghwmni ein cyfarfod
        mewn oedfa allamser,
        daw cwsg yn wefr
        ac yn wres.

cynnau tân

wyna, Tynewydd

ymweliad â Fferm Tynewydd, ym mlaenau Cwm Rhondda, tua 1963

Anghofiais am bob prancio,
am goesau cam, am fwythau bach
a boch ar feddalwch cnu
wrth syllu i dywyllwch llwm y sied.
Roedd min ym mrath y gwynt
o'r Garn Bica, a blas gwaed
mamog arall ar weflau'r mis bach.

Cefais weld ei gwaddol, gwylio
gwisgo'r bychan mewn cot estron
a'i roi i'w rwto'i hun ar famaeth
anfoddog. Minnau'n deall dim
ond cryndod ei gri – a'm gwddwg
innau'n dynn, er diogelwch y clos,
yng nghlyw'r llafar anghyfarwydd.

Ac yn nieithrwch croeso'u cegin
dros swper na allwn ei stumogi,
a'r sgwrs yn tincial rhwng y llestri
mewn seiniau na fedrwn eu dal,
synhwyrais, wrth fentro fy 'nos da' dila,
fy mod innau'n amddifad
ym mlaenau fy nghwm fy hun.

y wers wnïo

Ysgol Ramadeg y Merched, y Porth, 1965

Go brin mai dyna'r lle i'n dysgu
am greulonder geiriau,
am y pigo gwaeth na gwthio
pinnau i dynerwch byw
dan ewinedd glân; na chwaith
i ddangos inni sut i ddodi
edau dirmyg trwy grau nodwydd
a phwytho gwawd nes ffurfio
cas gwnïo perffaith.

Mewn man arall, wedyn,
dysgais egwyddorion techneg taco,
mesur geiriau, gosod twc
i ddala ystyr slac yn dynn;
gweld pwysigrwydd
dodi pwyth mewn pryd
yn semau brawddeg bywyd,
rhag i bilyn cyfan droi
yn rhacs i gyd.

sêr, Merthyr Vale

o Fynydd Aber-fan

Mae llawr y cwm
yn ddrych i'r nen,
a'r gwaith yn gytser
ger tanad y tai.
O'r fan hon, gallaf
ymgolli yn eu gwawl,
syllu i'w llewyrch solet
heb glywed y dwndwr
diddiwedd fu'n crynhoi
yn nwyon y craidd;
heb gofio'r egni cudd
cynoesol, cilfachau'r creu,
a'r twll du fu'n sugno
gwŷr hyd y gwaelod
cyn chwydu gwae.

Bethania, Aber-fan

'I ba beth y bu'r golled hon?'
Mathew 26:9

Tŷ cyfarwydd â gofid
a chynefin â dolur,
ar ganol y pentre;

yn gwybod am golli gŵr
o boen hen glwyf,
am waelu sydyn brawd,

am anadl angau'n llithro
mor llyfn â chymdoges
trwy ei ddrws agored.

Bu'r gweini oddi yma'n gysur,
y gofalu'n falm i galon
ar gracio, a'r llestr hollt

yn mentro gollwng pwys
ei eli drud nes llenwi'r tŷ
a'r stryd gerllaw â'i sawr

grasusol, a hwnnw'n esgyn
fry fel gweddi'r offrwm mwg
o enau'r pwll ar lawr y cwm.

Ond ni fedrai neb â nard
felysu'r tŷ, na sgwrio'r garreg
aelwyd hon yn lân â gweddi,

na chwaith ailgynnau arni
danau'r nef, ar ôl i rywrai
sarnu yma iraid drycsawr

a gosod plant i orwedd yn y seti,
mewn llieiniau, heb glywed llais
yn galw arnynt heno i ddod allan.

gŵyl y Gweryddon, 21 Hydref

Nid yw'n calendr yn cofio bellach
am Wrswla a gŵyl goch ei gwyryfon;
y gyflafan am iddi wrthod poethi
gwely pagan, gan fynnu prisio'i phurdeb
gyda'i ffydd, a dewis elw angau.

Nid oes angen ceisio cadw'r cof
am Wrswla ansylweddol, na chwedleua
am ronyn gwirionedd ei gwyryfon
mewn cwm lle sgythrwyd hanes plant
na welsant oedran dewis gwra:

Eu dygwyl du a gadwn yma.

disgwyl

Aber-fan, Hydref 2006

Am ei bod hi eto'n brynhawn
fel pob prynhawn arall, mae'n taenu eto
drwch o fenyn cartre ar ddwy dafell
a gosod y caws yn deidi ger y jam
cyn gwlychu'r te am dri,
a'r fodfedd laeth ar waelod cwpan bach
yn barod iddo fel y bydd bob tro.

Ac am ei bod hi eto'n brynhawn
fel pob prynhawn arall, â eto
at y stepyn i sgwrio'r stryd,
gan gribinio trwy'r wynebau ffres,
y clymau cyfeillion,
am wyrth mewn siwmper wau
yn rhedeg ati eto fel y gwnâi bob tro.

Ac am ei bod hi nawr yn hwyr
a'r tamaid te yn crino ar y plât,
mae'n setlo'i hunan eto wrth y tân,
ei breuddwyd gwrach yn bwysau ar ei gweill;
a gŵyr wrth wylio naid y fflamau gwneud
na fydd 'run rhwystro arno nawr:
daw ati, bob nos, yn ddi-ffael.

ynni

(rhan o *Henlo*, Ifor Davies)

O ddyfnder gwythiennau duon
Rhondda, Rhymni, Taf a Chynon,
ar ddociau Bute a glanfa Iwerydd
arllwysai'r glo yn enw cynnydd
a chynhesu'r byd.

Ar hyd y rhydwelïau cochion
o Wynedd, Powys, Ceredigion,
at henlo ddoe daw tanwydd newydd
yn gnapau o Gymraeg ar gynnydd
i gynnau gwlad.

YNNI

O DDYFNDER GWYTHIENNAU DUON
RHONDDA, RHYMNI, TAF A CHYNON
AR DDOCIAU BUTE A GLANFA CYNNON
ARLLWYSA'I'R GLO YN ENW CYNNYDD (IWERYDD)
A CHYNHESU'R BYD

AR HYD Y RHYDWELÏAU COCHION
O WYNEDD, POWYS, CEREDIGION
AT HENLO DDOE DAW TANWYDD NEWYDD (CYNNYDD)
YN GNAPAU O GYMRAEG AR GYNNYDD
I GYNNAU GWLAD

CHRISTINE JAMES

tân, Mynydd Merthyr

Goddaith gwanwyn:
cleddyfau grug a rhedyn
yn trywanu'r pridd cynnes.

Cynnau haf:
llwydd llafur a chnwd eirias
gwŷr yn goron ar waith.

Coelcerth hydref:
dagrau dail a gwragedd
mewn galarwisg wedi'r gwres.

Llosg gaeaf:
lludw llethrau, a llanciau'n
grŷn dan gwfwl anobaith.

deuair distaw

olion

wedi ymweld ag olion villa *Rufeinig ger Ahrweiler, yr Almaen*

Gorweddai hanes yma,
gweddillion solet gwareiddiad
dan lithriad canrifoedd:

i'w dehongli inni rhwng hen gerrig
a'i gilydd, mewn haenau,

yn onglau'r maen a seiliau sgwâr
diwylliant bwlyn byd a gariwyd
hyd bellteroedd barbaria;

yng ngosodiad ymerodrol
eu *villa*, buddugoliaeth y parwydydd
praff a *bona vita*'r
plastar peintiedig a'r mosäig;

yng nghilfachau ffafriol
eu crefydda, goleuedigaeth gwydr

a gwres, yn nefodaeth eu baddonau,
cyngor da'r gwin mewn *amphorae*,
yng ngorymdaith y saws,
ac esmwythdra'r blasau o bell,

yng nghyfraith gwers
a thestunau'r gansen sy'n athro da ...

... ac yna medru darllen
drosof fi fy hunan, cyn ymadael,
gofnod cyrch,

arysgrif fyw
anarchiaeth gwiwer ar y clos;

ac yn llinellau llam ei her
yn sgythru llyfnder cras y dydd,

yng nghwrso'r ci, trybowndian
ei gymalau dros newydd-deb
meddal teils,

yng ngraffiti'r ffowls ar ffrwst,

a throednoethni crwn
y crwt o'u hôl i'w hatal-
nodi,

yn nirmyg
ymylnodau'r cathod,

cael argraff o fywyd
eu *villa* cyn i gynhesrwydd clai
galedu'n hanes solet.

ar ddechrau'r daith

yn sgil gweld ysgerbydau gwryw a benyw o gyfnod Celtaidd
cynnar, ynghyd â'r gwrthrychau a gladdwyd gyda hwy, yn
y Rheinisches LandesMuseum, Bonn

Ag arfer urddas hil a hyder ffydd y rhoddwyd 'rhain
ar ben eu ffordd; y geiriau'n gynta'n gwlwm tyn, ac
yna'r dathlu deddfol: bwyd, a llyn yn lli, cyn gosod
yn y llestri pridd olion eu harlwy symbolaidd – bara,
llysiau sur, cacennau mêl – i'w cynnal hyd eu hynt
â mwy na murmur gwynt y corsydd rhwng asennau.

Bu galw ar gymdogion, ewyllys câr a chofio hen
gymwynas er darpar at y daith: i hwn addaswyd
helm, caed tarian, gwayw bras, a llafn yn fesur
gwryd. A dyma ernes cysur, bywyd maith, mewn
cydaid aur a hoelion hir, cyn lapio'n dynn amdano
len eu parch yn wâl, yn gwdyn cario'r gweddill.

A hithau'n gymar gwron, ni fu angen arni fwy na
harnais pres i'r meirch a'u cludai ar y siwrnai bellaf
hon, a chelwrn ceirch. Ond hudwyd iddi waddol
gwell yn anwes gleiniau'i gwanwyn ar ei bron a
tholach crib fach asgwrn yn ei llaw, i'w harddwch
sgleinio eto'n llachar trwy ei llwch pan ddônt i dre.

ger bedd Iarll Dwyfor

Nid delwedd newydd mohoni –
roedd yn hen
pan daerodd Macbeth na welai fyth
orymdaith lleng coed Birnam
yn darogan ei gwymp i'r gaeaf;
gwelsai Heledd ers canrifoedd
ei brawd yn bren yng ngofid cad,
cangau Cynddylan ar led, ar lawr
wedi coed-doriad difaol y ffin;
a chanodd beirdd gwanwyn ir Iwerddon
am goed yw o arwyr.
A'u trychu oll o'r bonyn byw.

Bidogau heulwen bigfain Ionawr
a droes hen drosiad ar ei ben,
gan ddangos ar y llwybr,
rhwng eu llafnau,
reng o filwyr lluddedig
yn gwarchod y lôn o hyd
wedi'r ymdrech daer.
Gwyrant yn gynnil,
pawb yn pwyso ar ei bartner,
fraich ar ysgwydd yn y rhes,
eu gwisgoedd yn grychau,
yn donnau cras gan faw
a gwres eu gwylio hir.
Gwthiant eu gwreiddiau
yn ddyfnach i'r ffosydd,
eu traed yn duo bydru
yn eu sgidiau diwerth.

Ac wrth i'r fintai balu'n ddyfnach,
gan wasgu'n dynnach i'w lle yn y llaid
rhag ergydion llachar y rhewynt,
codant eu dwylo esgyrnog
mewn ysgerbwd o ystum –
adlais cais ofer am drugaredd,
am gardod,
am ryddid y nef.

yn eglwys Locronan

Llydaw, Gorffennaf 1991 a 2011

Y canhwyllau a gyneuodd
y cof: ein bychan yn offrymu'i
'ben-blwydd hapus' ger dwyster gweddwon
ac estroniaith eu gweddïau gwêr ...

Mae'n hen arfer gennym, bellach,
hel eglwysi gwlad; trafaelio'n dalog
ar hyd traFfordd hanes
o lan i log
ar drywydd rhyfeddodau ffydd –
a'n cael yn bererinion euog
yn nhai penyd, dan bwn Protest-
aniaeth ein sgrepanau.

Ni wn ai'n harfer ynteu'r tywydd
didrugaredd a'n tynnodd
yma'r eilwaith i gysgodi'n chwithig
rhwng colofnau'r traddodiadau ithfaen –
i adrodd eto,
ganol eil,
litanïau'n hanghydffurfiaeth
cyn syllu'n amodol ar offeren
mewn cas cadw: cloch hen sant
a phatholeg iachawdwriaeth.

Ond y canhwyllau a gyneuodd
atgof ugain mlynedd
a ddeifiodd gydwybod heddiw;
gweld, wrth sleifio eto i'r glaw,
gywirdeb y gwragedd
sy'n dal i ddiferu eu hedifeirwch,
yn babwyr byw blynyddoedd
eu gweddïau gwêr; a chlywed
ar wefusau distaw eu defosiwn
allu cloch Ronan i alw'n
hyglyw o hyd rai ffyddlon
i addoli ar draws caeau
eu canrifoedd.

hud yn Nyfed (aros mae)

ger Ffynnon Non, Tyddewi, Gŵyl Badrig 2008

Ar ddydd na ŵyr wyrth
mae prinder cyrff
i'w hatgyfodi heddiw
ar y morfa; ni fyn 'run
garreg styfnig syflyd iod
heb sbardun mellt
argoelus; dim sôn am neb
all gynnig gwellhad
llwyr i lygaid dall.

Nid erys bellach ond
rhyw bethau bychain,
rhad diwetydd: cysonder
ocheneidiau'r môr
dan bregeth euraid adar,
a pharablu di-baid
dyfrocdd cred am hud
fu gynt yn Nyfed
dan wylied angylion.

ornithoffobia: colomennod

ar ôl gweld 'Cyfarchiad Gabriel i'r Forwyn Fair' mewn panel
gwydr lliw yn Eglwys Sant Tyrnog, Llandyrnog, sir Ddinbych

Tra glaniai'u delweddau'n ysgafnblu
ar y gainc, nid oedd golwg drycin
yn eu cwmwl gwareiddiol dros y cwm;

nid oedd peryg chwaith yng nghuriad pell
adenydd can ar lannau Iorddonen,
wrth wylio o ddiogelwch y dorf;

a thra safai deryn Dewi'n ddof,
yn ddrudwy arall ar y noe, ni fu
achos gofid yn y gŵyn o'i ylfin aur:

nes tystio disgyn rheibydd gwyn,
ehediad dirgel rhuthr Gair i gnawd,
ni wyddwn am y braw o fod yn brae i blu.

ornithoffobia: peunod

ar ôl gweld Llyfr Kells yn Llyfrgell Coleg y Drindod, Dulyn

'*In principio erat verbum ...*'

... a thrwy blygion cadwraeth y cnawd
fe nythai'r rhain yn nail ein hanllythrennedd;

ni bu bob-bobian eu pennau gyda'r hwyr
yn peri inni stwyrian rhwng y bôn a'r brigau,

na phlethiad annhebygol gwddf a gair
yn tarfu ar ein cwsg yng nghanol y colfenni,

hyd nes i gwilsyn craff ddihuno'u lliw
ac adfywiogi'u llun yn ddychryn o rywogaeth

sy'n rhodresa'u goruchafiaeth yn ein plith
mewn fflach a phlu a ffydd; ac o *lapis lazuli*

eu gwyntyll, llygaid hollweledol yr afrllad
yn darllen inni lith llygredigaeth erchyll y cnawd.

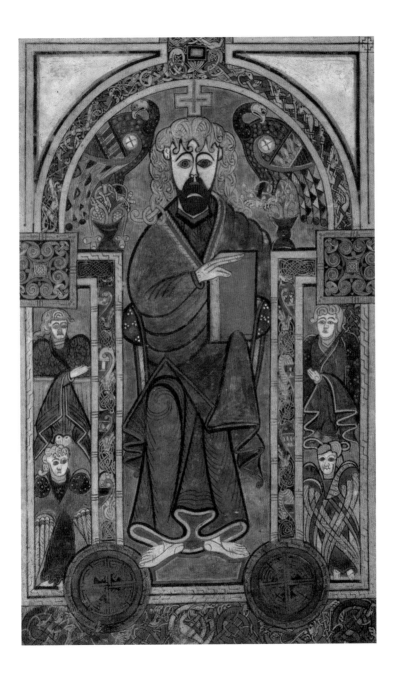

ornithoffobia: eryr

ar ôl gweld eryr pres darllenfa Eglwys San Silyn, Wrecsam

Mae hwn yn hen: does raid
ei ofni, wir. Er cyffro da y deor
yn y dechreuad, fe lyfnodd
traddodiadau hir grafangau'r Gair
yn ddim, a dofi'i unsgrech hyll
am waed wrth bylu'i big
o sill i sill hyd at fudandod maith.

Mae hwn yn hen; does raid
ei ofni mwy. Cawn anwybyddu'r
gras a'r gwir – a mynnu sôn am sut
cylchwyliai froydd llên, gan wanu
braster cig ac asgwrn cerdd at fêr,
neu chwedleua'n faith amdano'n pigo'r
sêr apocalyptaidd wedi'r gosber.

Mae hwn yn hen: does raid
ei ofni nawr. Fe'i dodwn yn ben
ar bolyn, cilwenu ar fraw'r llygaid,
swildod yr adenydd
                   nes daw awelon
Haleliwia i grychu'i blu i'w bôn
a churiad esgyll ei ddadeni gogoneddus
i'n dryllio'n sglyfaeth fyw i frenin nef.

85

cerdd ddarogan

Caewyd Llyfr Du Caerfyrddin:
mud o hyn allan Myrddin,
rhoed taw ar lais Taliesin.

Aeth pob llythyren yn llwch
heb dân Sgolan. Daeth t'wyllwch,
a'n hen lên yn ddirgelwch.

Bu bwystfil trwy'r bedwenni
a bawa ar y beddi.
Gogonedd yn llaid y lli.

Nid cain yn awr cyntefin:
distaw cogau, cnydau crin.
Heb gâr hyd byth mab Erbin.

Caewyd Llyfr Du Caerfyrddin.

guydi · taliessin · brchaud ·
kyffredin · vy dawgan ·
reuduid a uelun nerthw
ur · y scelut ae dehoglho ·
Hy rwerthur y rwit · nit
guibit ar nuygelho · Guenhwed
llara lly uau niuet nid hoffet
meuret bra · Heur uum y dan
un dired a bun dec liu guaner
gw · Nid air llauur urth din
da · ae coffa ar nuy dalho · Gua
ech ·

Breuddwyt

cân fud

(i *Blaen Ffrancon rhif 1*, Kyffin Williams)

'*Cerdd fud yw celfyddyd, a llun sy'n llefaru yw cerdd.*'

Simonides (556–468 CC)

Mae mudandod hynod ei gân
i'w glywed yn glir
ar gopaon ei gelfyddyd.

Ym mawredd distawrwydd
ei fynyddoedd, mae llwybrau
sy'n llefaru'n swil

wrth ein tywys rhwng clogfeini
dwys gan grygni'r gwynt
ar fesurau'r glaw didostur.

Bochia'i gymylau'n groch
dros huodledd ffriddoedd dilais;
crisielir odlau mewn ffrydiau cudd –

os clustfeiniwn. Ust! a gwelwch
rythmau Eryri'n rhudd, clywch glog
dan drwch o dawedogrwydd

a mudandod hynod ei gân
yn acenion i gyd
ar gopaon ei gelfyddyd.

coll cyntefin

Cyntefin ceinaf amser,
dyar adar, glas calledd,
ereidr yn rhych, ych yng ngwedd,
gwyrdd môr, brithotor tiredd ...

Cyntefin, cwyd adeiniog,
glaswiw gwŷdd, rhudd tir tan og;
ar gyfwng lleddf, ni chân cog.

Cyntefin, heb gog bellach
a'i deuair dwys; canwn iach
i wanwyn dygwyl Brynach.

Cyntefin, ni chân y gog
ei deuair claf, distaw'r rôg,
ar gangau Abercuog.

Cyntefin, heb gogyfarch
o'i deuair hen, pwy rydd barch
i dylwyth deilgoll Llywarch?

Cyntefin, ni chlyw 'nghywion
mân na chog na'i chwedleuon.
Oer y nyth. I ble'r aethon?

cymhlethdod clwm

i groesawu Trystan Marc i'n teulu

4 Mawrth 2012

Mawr groeso iti, Trystan,
o Gernyw i Wlad Morgan:
hawliaist deulu yn hafan.

Trystan, mentraist y moroedd
i'n breichiau, dros gefnforoedd
chwedlau. Siwrnai serch ydoedd.

Dy deulu heno, Trystan,
yw d'Esyllt trwy'n can cusan;
tithau ein carwr bychan.

Trystan Marc, tra bo irddail
ar gainc, eiddew ar adfail,
cei gennym gariad di-ail.

cinio i dair yn ASK

Dechreuwn 'nôl ein harfer: cytuno'n
rhwydd ar 'sgafnder gwin cyn rhannu'n
awchus fanion byw a dau *bruschetta*;
rwy'n cadw'r briwsion lleiaf yn fy llaw.

Dyma droi at seigiau trymach: gwnaf
ryw sioe o droelli'r clymau pasta'n ddiog
rhwng tameidiach blasus, a sylwi'n
sydyn nad oes gen' ti stumog at y saws;

a heddiw prin bod hithau'n fodlon estyn
llwy i balu mewn i sïon melys tarten lemwn.
Penderfynwn dalu, 'madael, heb gael mwy
o win: am na fynnai'r un ohonom ofyn.

chwiorydd

ar gaets yn Anifeilfa'r Borth, ger Aberystwyth:
'African grey parrots. Two old females. Unwanted pets.'

Mynwes yn ateb mynwes
wrth gydbwyso am gysur
mwythau ei gilydd;

gwragedd gwrthod
rhyw flodyn o chwiw
a wywodd yn esgeulustod
y pot dŵr sych
a dyrnaid prin o hadau
haul crin eu cynefin –
      cyn eu carthu
      fel y cach
      ar waelod eu caets;

gweddwon a'u pennau'n eu plu,
pob anwes wedi oeri'n angof,
neu ynteu'n atgof a hedodd
y tu hwnt i farrau hiraeth
i dir nad oes cyrchu iddo mwy.

Yng ngwres fy sylw
dyma'r ddwy'n torsythu'n sydyn;
anesmwythyd traed
yn dyblu dawns arthritig
ar hyd bar cyffredin eu bod;
a winc fach slei mewn gleiniau du
yn gyrru eto fflamau ffeminyddol
trwy farwor eu galar.

Ymbinciant yn nrych ei gilydd,
ffwdanu trwsio plu,
gosod pen –
      yn union
      fel hyn –
er dangos pig ar ongl gymen
sy'n efeillio'n driw
ymgeledd llwyr y llall.

A chrawcia tro eu cefnau crwm
wrth i minnau droi
yn unig
draw o'u caets,
fod mewn chwaer
fyd sy'n llawn digon i ddwy.

triptych

i. mam yr artist
creon pastel dros waith metel

Aeth yr artist i drafferth
     'mami, mami, isie pi-pi'
i gael hyd i'r lliw hwn,
     'gwêd wrtho, mae'n pryfocio'
y llwyd fel haen o ddur meddal
     'ces i seren am ddarllen yn dda'
dros arian byw a ffrwynwyd
     'ble mae 'nghot, ble mae 'nghit pêl-droed?'
i'w ffurf ddewisol.
     'wi angen crys glân i ganu'
Eto, pur gyffredin, fe ddywedir,
     'sneb yn gwrando, sneb yn becso'
erbyn hyn yw'r arddull gyfunol
     'ga i fenthyg y car, sgwelwchyndda?'
sy'n plethu ynghyd ddwy ffurf,
     'reis neu basta? beth bynnag sy rwydda'
dau gyfrwng, dau ddull o fewn llun
     'dyma sws: ga i gwtsh? caru ti *loads* ...'
nes creu darn o gelfyddyd gain.

ii. merch noeth

olew ar hen gynfas

Nid hawdd dehongli hon;
gwrthodwyd ystrydeb realaeth –
am unwaith –
am giwbiaeth gynhyrfus, bur estron
i'n traddodiad ceidwadol ni.

Cymer amser ac ymdrech
drosti, o'i blaen hi,
i'w gwerthfawrogi'n llawn;
saf 'nôl i dreiddio dyfnderoedd
triawd trionglau gwyn
ei blaendir,
cyn pwyso 'mlaen i deimlo
â llygaid syn
ei llyfnder, lleithder benthyg
ieuenctid mewn eiliad annisgwyl
o dragwyddoldebau coll.

Syll arni nes troi llinellau syth
yn fysedd am fronnau,
yn gysgod braich dros glun
neu'n wefusau'n llawn dirgelwch;
nes troi trefniant bywyd llonydd
eto'n gynnwrf awch
mewn gwisg o gnawd;
nes i'r wên droi'n waedd,
yn gymal o angerdd tyn;
nes gyrru'r diamwntau
          eto'n
igam
               ogam
o'i llygad betryal
i'w troi'n ddibeniad dagrau cariad
na fentrwyd ei fynegi
yn y noethlun hwn.

iii. menyw mewn parc
mosäig enamel a gwydr lliw

Mil darnau mân
ar chwâl
mewn ffrâm,
ynghlwm, yn llac,
yn sownd, yn saff:
y deri cnotiog
yn ffin i'w byd.

Lliw a llathredd
gwyrth goleuni'n
taenu'i sglein
yn donnau dewr
sy'n brigo, briwio
drosti, dani,
fesul dernyn

nes euro gwisg,
ariannu gwallt
hon sy'n camu
tua gorwel cudd
rywle rhwng y coed clir.

Cei estyn llaw:
llun i'w gyffwrdd
– â gofal, syr! –
yw'r gwaith hwn.
Cei fyseddu
pob glain,
          pob darn

a dorrwyd,

eu llyfnu'n rhwydd –
a'u chwalu'n llwyr –

cyn eu gosod
            gennyt

eto, ac eto fyth
o'r newydd yn eu lle,
yn ddadeni lliw a chyffro llif;
yn adlewyrchiad o gread,
disgleirdeb dewis
dy ddelw

a llun hon sy'n mynnu rhodio
llwybr y gwair gwyllt
tua gorwel nas gwelir
rhwng y coed,
rhwng prennau unffurf
ffrâm y ffin
rhwng ei bod a bywyd.

hafal

Buont wrthi'n gydamserol
yn chwilio am ben y swm.

Lluoswyd yn llwyddiannus;
doedd adio ddim yn anodd,

na rhannu – pan oedd raid.
Dôi'r tensiwn yn y tynnu'n

groes, y ceisio am y gwerth
theoretaidd ar bob un x ac y

cyn gorwedd, a'u troai yn
symbolau'r mwy a llai na

hwy eu hunain – heb iddynt
fedru datrys hafaliad cytbwys

eu cywelyaeth.

y wers gymesuredd

yn y Bunscoill Ghaelgagh
(Ysgol Gynradd Fanaweg),
20 Gorffennaf 2012

Echelin yw'r A1 yn Balley Keeill Eoin
rhwng deublyg hunaniaeth:
o'i phobtu,
bytholwyrddni gorsedd Tynwald
a waliau iaith dan warchae rhag y glaw.

Ac ar fore ola'r tymor,
yma yn y Bunscoill Ghaelgagh,
gwêl rhai bach
ddau hanner byd yng nghyfateb-
iaith drych eu hymdrech.

Fesul ffurfiau'r dychymyg
mae'r rhain yn mentro
dechrau arni:
gorffen cystrawennu'r
tŷ'n ffenestri sgwâr i gyd;

gosod cargo geiriau yn eu cwch symetrig
i'w cludo, rywbryd fory,
dros foroedd
o drionglau milain, rhwng
rheoleidd-dra pigau'r haul a gwenau'r sêr.

rebel

Hogyn o Hacni,
acen Llunden, un coci
â haciad o wên
trwy wyneb lleuad-newydd
fel fflachiad llafn annisgwyl
mewn lôn
ar gyrion gwyll ei ddinas ddu.
Llond ei groen o waed *reggae*,
a'i draed a'i fysedd
yn dod o hyd i bob rap,
pob sigl a swae
ar stryd
ei fyd, *man*.

Chwe throedfedd ohono,
o'i gorun Affro i'w sodlau Nike Air
o stoc amheus stondin ben-stryd,
a'i osgo'n gweiddi mor groch
ar y byd â chloch 'r Hen Beili acw,
     "Co fi'r crwt caled –
     Gwyliwch fi ...
           rhag ofn, *man*.'

Pa obaith i hwn
welodd golli'i fam
yn graith, yn nam ar blentyndod,
un na welodd liw na llun o dad
a'i fagu'n gyw
olaf – neu ynteu'n gwcw –
mewn nyth o adar brith
a chenfigen yn garwhau eu plu
du
bob gafael?

No sweat, man.
Mae'n dipyn o dderyn,
hwn.

Glyndŵr rhyw Garibî pell;
ganed i fywyd gwrthryfel
a'r gell pe bai raid,
fight 'da power!
     gwrthdaro,
       right!
     gwrthsefyll,
       yo!
     gwrthod y gŵys barod,
       yeh, man!
gwrth-bopeth – gan gynnwys
y disgwyliedig, pob ystrydeb
ei gefndir difreintiedig:
y llefnyn tlawd,
y brawd ar strydoedd Hacni.

Codi dau fys ar wŷs ei frodyr hŷn,
clydwch brawdoliaeth y stryd
'da bruvvers, yeh!
a mynnu gadael y ceir twp
mewn mannau tywyll
heb falu eu ffenestri'n
shitrwns;
gollwng y gyllell gudd a'r bat pêl-fas
a dechrau hebrwng dieithriaid
mas o'r *patch* heb far,
heb fygwth, glatsh;
dim rhagor o fentro'r punnoedd slei
i brynu reu, cyffro E

neu waeth;
troi cefn llydan ar feddwi, ar fercheta
gyda'r gorau a'r gwaetha;
rhoi'r gorau i effin iaith y gwter,
a dechrau dysgu geirfa ffydd
trwy fynd gyda'i fam
nad oedd fam iddo
i'r cwrdd,
a chanlyn Cymraes, ei *white trash*,
– 'ti'n hyfryd', 'caru ti' –
er gwarth ei frodyr hŷn
a brodyr clòs sîn y stryd,
yo bro!

Llond bol o chwerthin corffog,
chwe throedfedd o ddirmyg
at eu dicter, eu c'wilydd,
eu cas,
mas draw, *man*.
A'i haciad o wên
trwy wyneb lleuad-newydd
fel cynnau fflam annisgwyl
mewn lôn
ar gyrion gwyll ei ddinas ddu.

y nawfed don

i gyfarch Gwynfor ab Ifor ar achlysur
ennill Cadair Eisteddfod Genedlaethol
Abertawe a'r Cylch, 2006

A welaist hwy'n cyniwair
ar eu taith, fesul tair,
tua'r lan,

nes cael yn nhrochion
brochi'r nawfed don
y grymoedd

fyddai'n gyrru dy gân
ar daen â sain taran?
Ni threia hon.

cân Gwener

i gyfarch Jim Parc Nest ar achlysur
ennill Cadair Eisteddfod Genedlaethol
Sir y Fflint a'r Cyffiniau, 2007

Am iti syllu'n ewn i'r llygad dân
a losgai ar y gorwel ddiwedd dydd
clywn nodyn gosber Gwener yn dy gân.

Daeth tiroedd eang ergyd, gwth a gwân
yn gefnlen llwyfan drama serch a ffydd
am iti syllu'n ewn i'r llygad dân.

Rhwng muriau'r fall lle bu aelwydydd glân,
mewn rhith o wlad a'i hanes oll ynghudd,
clywn nodyn gosber Gwener yn dy gân.

Yn y cyd-rhwng, y llannerch ar wahân,
fe gwrddaist ti ag Arawn dan y gwŷdd
am iti syllu'n ewn i'r llygad dân;

ac wrth i'r cyfnos estyn esgyll brân
dros ubain helgwn Annwn uwch yr hydd
clywn nodyn gosber Gwener yn dy gân.

A rhod y cosmos eto'n troelli mla'n,
gollyngir nodyn plygain nawr yn rhydd:
am iti syllu'n ewn i'r llygad dân
clywn ddeuawd ddisglair Gwener yn dy gân.

perl

i gyfarch Mererid Hopwood ar achlysur
ennill Medal Ryddiaith Eisteddfod Genedlaethol
Caerdydd a'r Cylch, 2008

'It heu fy ngherdd nac ef fid
Mal heu rhag moch merierid.'
Llywarch ap Llywelyn (Prydydd y Moch)

Ym moroedd dyfnion bod
mae dy gynefin, dan donnau,
ar waelod eigion
profiadau;
      o'u plymio
cei afael ar y gronyn
aflonyddol, y cyndynrwydd
sy'n cronni llid ac iraid,
fesul haen a hiraeth,
ar feddalwch dalen gnawd
rhwng cloriau cregyn, ac yna'u
cau yn dynn;
      nes agor wedyn
ar dryloywedd perffaith grwn
d'awen sy'n ein rhyfeddu
a'n boddhau.

107

anfon bwji melyn

i gyfarch Tudur Hallam ar achlysur
ennill Cadair Eisteddfod Genedlaethol
Blaenau Gwent a Blaenau'r Cymoedd, 2010

A minnau'n rhodio wrthyf f'hun
yng ngaeaf blin pryderon,
fe welais fwji yn y coed
y perta' erioed, melynfron,

a phlu yn fflach o heulwen ha'n
disgleirio'n lân trwy'r mwrllwch,
a'r nodau bywiog ddaeth o'i big
yn chwarae mig â'm tristwch.

'O! dderyn bychan, gwna lesâd:
a ei di'n gennad drosof
a chyfarch bardd a ganodd glod
gŵr hynod nad â'n angof?

'Ni rwymaf lythyr am dy goes
i ddweud fy loes fel Branwen;
a phaid â phyrtsio ar fy noe –
gwers iaith? does dim o'i hangen.

'Mae'r gŵr a ddwedaf wrthyt nawr
yn fardd mawr, gwir ddysgedig,
mab Gwrhyr Gwalstawd Ieithoedd yw,
ail Ddoctor gwiw Gneud-'chydig.

'Mae'n deall iaith yr wylan wen,
pob sill o ben cyffylog;
fel hyn yr adnabyddi'r dyn:
ei grib sy'n goch fel ceiliog.

'Hed ato'n syth, fy mwji mwyn,
o ganol llwyn gofalon
â'th gân felysaf; cân o'th fron
ylfinaid llongyfarchion.

'Dwed "da iawn" wrtho yn dy iaith,
bydd faith dy fawl a'th rethreg;
afrada arno d'eiriau gwâr –
mae'n *bi-ling* mewn Adareg.'

Y deryn aeth a chael y dyn
ei hun a dechrau trydar:
'Tudur Hallam, priti boi!
Helô. Oi! Pwy sy'n glyfar?'

pow-wow

i gyfarch Sitting Bull (ffugenw Manon Rhys)
ar achlysur ennill y Fedal Ryddiaith yn
Eisteddfod Genedlaethol Wrecsam a'r Fro, 2011

Ymgasglodd pawb i'r tipi pinc
i'r pow-wow mawr blynyddol
sy'n dathlu gorchest, adrodd camp
gwroniaid llwyth llenyddol.

O un i un fe ddaeth i'r blaen
oreuon pob gweithgarwch,
ac wedi i'r Pennaeth weinio'r cledd
estynnodd getyn heddwch.

O'r diwedd daeth tro Sitting Bull
i ddod gerbron y Pennaeth
ar ôl i'r dynion hysbys sôn
am fri, am fuddugoliaeth –

na, nid ym mrwydr Corn Bach Mawr;
na, nid wrth drechu Custer
yn ôl ym mil wyth saithdeg chwech
(nid pump – mae'n flwydd ry gynnar) –

cyhoeddodd ef ddawn Sitting Bull
i weithio hud rhyfeddol,
i greu o eiriau bobl fyw,
consurio byd storïol.

Ond dyma'r lledrith mwyaf oll
a fedd y Bwl sy'n Eistedd:
gall wneud i un â llygaid gwan
weld golygfeydd diddiwedd.

Gall ddeall un heb fawr o iaith
a rhoddi iddo lafar
nes troi'r holl luniau yn ei ben
yn llif o gerddi llachar.

Mae'n dirnad ystyr sŵn y rhyd,
gŵyr ble mae drain ar rosod,
a hefyd pam fydd neb ond ni
hyd byth ar ddôl adnabod.

Eisteddog Darw, sgalpiaist ti
y beirniaid â miniogrwydd
d'awen, ac yn awr mae'n bryd
i ddathlu dy fedrusrwydd.

Ein llongyfarchion, Sitting Bull,
i ti mae'r clod digymysg
am gipio medal aur ein llwyth –
mae'n bluen yn dy benwisg.

celf a cherdd

lolfa las

(i *Tirlun Annileadwy*, Ken Elias)

Na, dwi ddim am fentro mas,
diflannodd pob un awydd;
ymgiliais i'm lolfa las.

Ers amser bellach collais flas
ar grwydo môr a mynydd;
na, dwi ddim am fentro mas.

Diflasais ar y byw ar ras,
ar dwrw'r dref aflonydd;
ymgiliais i'm lolfa las.

Er bod bywyd ynddi'n fas,
caf guddio yma'n gelfydd;
na, dwi ddim am fentro mas.

Dyw alaw'r celfi byth yn gras,
daw rhosod yn gawodydd;
ymgiliais i'm lolfa las.

Ac nid wy'n blino ar yr ias
yn rhithweliadau'r walydd.
Na, dwi ddim am fentro mas:
ymgiliais i'm lolfa las.

mama mia!

(i *Korny Krispies*, Boris Tietze)

O'r diwedd aeth pawb allan:
  y gŵr 'di mynd i'w waith
a'r bechgyn ar drip ysgol –
  fydd neb yn ôl tan saith!
Â'r tŷ i gyd i mi fy hun
  rwy'n dirgel droi yn *dancing queen*.

Fe dwistia' i drwy'r dwsto
  i'w gwpla cyn te deg,
a pholisho i'r fflamenco
  â rhosyn yn fy ngheg
cyn gwthio'r celfi i gyd yn ôl
  a hwfro rownd i'r roc-a-rôl.

Do, daeth rhyw newid drosof
  ers misoedd erbyn hyn –
rwy'n chwys drabŵd o egni
  a'r tŷ yn lân fel pìn:
ond fel y gwelwch chi o'r llun,
  nid wyf i wir yn fi fy hun.

117

arddodiad dwylo

(i *Defod a Phroses (Troi)*, Sam Bakewell)

Nid arwydd yw hwn sy'n dweud
nad wyf yn medru lleisio profiad;

nid llafaredd bysedd byw sy'n
cystrawennu cyfosodiad bodiau

drwy orfodaeth; rwy'n pinio gair
ar aer, pwytho fy mrawddegau'n

sownd i'r awyr, rhag i edau'r
ystyr redeg ymaith heb help llaw

'ngwniadwaith. Dan arddodiad
dwylo, ni fynnwn ystumio dim.

cyffordd

(i *Ysbaid*, Nathan Ford)

Dau rywle'n gynnar ar y ffordd i fory:
mae e'n rhoi'i bwysau ar y brêc
yn sydyn – ansicr, meddai, pa mor bell
i fynd cyn troi, a hithau'n
gwasgu i gyrraedd yno'n gyflym.

Oedi braidd yn hir. Plannu
rhith o gusan ar ei boch. A dyna pryd
y gwelodd hithau'r golau coch.

cynefin

(i *Cegin Ora Nain a Taid*, Eleri Jones)

Cadwai'r pâr yn glòs
i'w patshyn, byth yn crwydro'n
bell o ddiogelwch eu cynefin;

bu magu plant mewn gwely
plu, cymoni tipyn ar yr ardd
yn ddigon o uchelgais
i rai a synnai at eu byd
trwy lygaid bach;

tynnai'u dal-pen-
rheswm smala
wên bob tro digwyddai
rhywun daro heibio;

hwythau byth yn blino
ar fusnesa, nac ar gasglu
trugareddau

     ond o fentro
estyn llaw'n rhy agos ... ara' ...
cawn ganddynt stŵr – a
dyna ddiwedd sydyn ar y miri!

Ac O! am brofiad chwithig wedyn:
prin i'w cartre oeri hebddynt
cyn glanio rhyw adar estron
i bigo dros eu nyth.

cynllun strategol

(i'r *Ddwy Ford*, David Hastie)

Bu esgus o ffos isel a phalis wyneb-pren
yn lloches ddigonol i'r ddwyblaid
ar y dechrau.

Cloddio'n ddyfnach wedyn;
gosod seiliau hunanamddiffyniad
yn erbyn sïon sgwâr
o'r ddeutu.

Mae amser ym morter y muriau:
y codi fesul cam, ymateb i'r
ymosod oddi allan;

ac oddi mewn, blynyddoedd
twf y gallu i ymgadw
yn gwarchae ar ei gilydd.

Felly'r ymgastellant,
gan rythu fel mewn drych ar frychau
strategaethau'r llall
(llwydni'r fylchgaer heb yr haul,
drwgdybiaeth ffenestr hollt);

a gofalu cynnal
(draw, yn ddigon pell)
fregusrwydd hanner gwên
o bont yn sianel frys
rhwng dau gywely dirgel.

dwylo: etymoleg cysur

(i *Bryn a Doreen Lewis*, Sam Bakewell)

di- + (h)wyl + -aw >

dy- + wylaw >

dy- + law >

dwy + law >

dwylo.

126

symudiad ymosodol

(i *Nerth Gwahanol*, Hywel Harris)

Estyn, Iôr, a chliria ddelwedd
   crefydd drist ar ôl y tân:
chwâl ffenestri'i phietistiaeth,
   dryllia ddrws rhagfarnau'n lân,
dymchwel adfail gwag arferion
   'berthyn i ryw oes o'r bla'n.

gwyrdd

(i *Taffiti Graffiti*, Bethan Ash)

Fe'n hanogwyd ar heolydd
  i fynnu **Deddf i'r Iaith**,
i **Gofio am Dryweryn**,
  i **Hawlio Tai, Tir, Gwaith**;
ond nawr mae'n bryd ailgylchu
  hen ymgyrch ar ein ffyrdd,
a gyrru 'mlaen yn gyflym
  i *beintio'r byd yn wyrdd*.

wara cwato

(i *Aitsh, Trehafod*, Anthony Stokes)

er cof am Dr Ceinwen H. Thomas

Odd fel 'sa pawb ffor 'yn
yn wara gêm wrth wilia
unwath:

rywla ar 'yd llethra'r
oesodd glæn, fan 'yn,
gollyngws rywun, rywbryd,
aitsh; ac wetyn gosod pawb
ar waith i'w ffindo.

Odd dim sôn amdani
yn adnota'n Tæd
yr 'wn wyt yn y nefodd,
nac yn oriela'n 'aleliwia;

ni fydda byth i'w chlywad
yng ngalwata'r gwerthwyr ar y stryd
('raid cæl 'alan ddychra'r gaea
er mwyn 'alltu'r mochyn tena;
'alan, prynwch 'alan môr');

ddath neb o 'yd i'r aitsh
yn niarepa pen y pwll;
a byrlymai'r 'wbwb, 'wyl
y ddawns, yn burion 'epthi;

pa ddipan moeli clustia
am ei suon yn rigyma'n
mama ger y tæn, ne wara'n plant
('buwch goch y genfan,
p'un a' glaw ne 'inon ...')?

A'r wilo isiws wedi bod
ymlæn ers blynyddodd maith,
blinws ei waraewyr
a mynd sha thre o un i un;

a'i gatal 'itha'n dal i gwato byth,
yn giglan mewn ryw gwli
a'i chefan at y wal ...

... Na, dyw'r wara ddim ar ben.

Ha!

nodiadau ar y cerddi

llinellau lliw

Dyma'r cerddi buddugol yng nghystadleuaeth y Goron yn Eisteddfod Genedlaethol Eryri a'r Cyffiniau, 2005. Y testun y flwyddyn honno oedd 'dilyniant o gerddi ar thema'.

'y Ffrances a'r Gymraes':
Y 'Gwen' a gyferchir yw Gwendoline Davies, wyres David Davies, Llandinam, a wnaeth ffortiwn sylweddol trwy gloddio am lo yng Nghwm Rhondda, a'i allforio trwy ddociau'r Barri (a godwyd ganddo i'r diben hwnnw). Er gwaethaf cyfoeth aruthrol y teulu, magwraeth lem a gafodd Gwendoline a'i chwaer Margaret, ond wedi iddynt etifeddu'r cyfoeth hwnnw dechreuodd y chwiorydd noddi'r celfyddydau a phrynu lluniau, a chyflwynwyd eu casgliad nodedig i'r Amgueddfa Genedlaethol maes o law. Henriette Henriot yw'r ferch yn y llun, actores ifanc o gefndir cyffredin a ddefnyddid fel model yn aml gan Renoir.

'ar oleddf': Dioddefai Vincent van Gogh o iselder, ac fe'i saethodd ei hun ryw dair wythnos ar ôl peintio'r llun hwn. Mae'r hunananafu sydd mor aml yn cyd-fynd ag iselder yn thema amlwg yn y gerdd, ac mae fel petai'n nodwedd hefyd ar y llun, yn llinellau lletraws y glaw a grafwyd i arwyneb y paent.

'hedfan': Nid llun ond cydosodiad (*installation*) yw *Cymylau Arian* Andy Warhol – llond ystafell o falwnau metalaidd sy'n symud yn rhydd mewn cerrynt o aer cynnes, heb ddim i'w cadw yn eu lle.

'blodau Mair': Tua'r un adeg ag yr oedd Raffaello Santi (Raphael) yn peintio'r llun hwn yn yr Eidal (ddechrau'r unfed ganrif ar bymtheg), roedd cwlt y Forwyn Fair ar ei anterth yng Nghymru. Tyst i boblogrwydd Mair yw'r llu o enwau blodau a phlanhigion sy'n dwyn ei henw yn y Gymraeg, a gwewyd nifer o'r rhain i mewn i'r gerdd. Symbol o gariad ac addewid i briodi yw'r geian (*pink*) yn 'iaith y blodau'. Y mae'r lili, ar y llaw arall, yn symbol o'r Atgyfodiad (ac nid o farwolaeth fel y daethpwyd i'w hystyried yn ddiweddarach).

'gollwng': Mae'r gerdd hon yn tynnu'n arbennig ar ieithwedd a delweddaeth dwy ran o'r Beibl – hanes creu Adda fel y'i ceir yn llyfr Genesis, a Dameg y Mab Afradlon yn Efengyl Luc.

'lliwddall': Ymateb i'r llun a adwaenir yn aml fel *Whistler's Mother* sydd yma, ond *Trefniad mewn Llwyd a Du* yw'r teitl a roddodd yr arlunydd ei hun ar y gwaith. Roedd Whistler yn hoffi defnyddio teitlau a ddieithriai destun ei luniau, ac mae dieithrio'n thema bwysig yn y gerdd hefyd; mae'r defnydd o eiriau tafodieithol o'r Wenhwyseg – tafodiaith de-ddwyrain Cymru – yn rhan o hynny.

'ymgolli mewn cusan': Dehonglir cerflun Rodin yn aml fel mynegiant delfrydol o serch pur, ond nid dyna'r sefyllfa o gwbl. Cymeriadau hysbys a oedd yn byw yn yr Eidal yn y drydedd ganrif ar ddeg, ac a anfarwolwyd yn *Cân Ddwyfol* Dante, yw Paolo a Francesca, y ddau sy'n cusanu. Brawd yng nghyfraith Francesca oedd Paolo, ond syrthiodd y ddau mewn cariad â'i gilydd; wrth gusanu am y tro cyntaf, cawsant eu dal gan ŵr Francesca a'u lladd – a'u condemnio am byth i Uffern.

egni

Daeth y dilyniant hwn yn agos i'r brig yng nghystadleuaeth y Goron yn Eisteddfod Genedlaethol Casnewydd a'r Cyffiniau, 2004.

'alffa': Mae'r ieithwedd a'r ddelweddaeth yn adleisio rhannau o benodau cyntaf llyfr Genesis ac Efengyl Ioan. Alffa yw llythyren gyntaf yr wyddor Roeg, iaith wreiddiol y Testament Newydd, ac omega (teitl cerdd olaf y dilyniant hwn) yw'r llythyren olaf.

'y coma caeth': Ar roi coma mewn bocs gweler 'Awelon', cerdd arobryn Aled Jones Williams yng nghystadleuaeth y Goron yn Eisteddfod Genedlaethol Tyddewi, Sir Benfro, 2002.

'omega': Mae'r is-deitl yn adleisio teitl traethawd dylanwadol gan y beirniad a'r theorïwr llenyddol Ffrengig Roland Barthes, a gyhoeddwyd yn 1968.

cerddi claf

Lluniwyd y dilyniant hwn yn ystod cyfnod hir o salwch, yn sgil cael fy nharo'n wael pan oeddwn ar ymweliad â Phrifysgol Harvard yn Cambridge, Massachusetts, ym mis Hydref 2002.

'gollwng gwaed': Daw'r geiriau 'Cymru' a 'Cymry' o elfennau sy'n golygu 'cyd-frowyr', ond mae'r geiriau 'Wales' a 'Welsh' yn tarddu o'r enw a roddodd mewnfudwyr Eingl-Sacsonaidd o'r Cyfandir ar y bobl hynny, sef 'dieithriaid a rufeiniwyd'. Yr un elfen sydd yn y gair 'walnut' (= 'welsh nut'), sef 'cneuen ffrengig' yn Gymraeg. Mae ail hanner y gerdd yn adleisio geirfa a themâu'r farddoniaeth Gymraeg gynharaf sydd gennym ac a gysylltir ag enwau Aneirin a Thaliesin.

'cyfri'r oriau': Goleuir clocdwr enwog campws Prifysgol Harvard yn ystod oriau'r nos. Mae pum awr o wahaniaeth amser rhwng Cambridge, Massachusetts, a Chymru. Ceir sawl adlais o Lyfr y Salmau yn y gerdd hon.

cynnau tân

'wyna, Tynewydd': Atgof sydd yma am y tro cyntaf (hyd y cofiaf) imi glywed y Gymraeg yn cael ei siarad fel cyfrwng cyfathrebu naturiol – a minnau'n deall dim. Cyfeiria'r ail bennill at yr arfer o flingo oen marw a rhoi ei got am oen amddifad er mwyn twyllo'r famog i'w dderbyn fel ei hepil hi ei hun.

'sêr, Merthyr Vale': Gwastraff o bwll glo Merthyr Vale yng Nghwm Taf a lithrodd ar ben ysgol gynradd Pant-glas a rhes o dai ym mhentref Aber-fan ar 21 Hydref 1966, gan ladd 116 o blant a 28 o oedolion.

'Bethania, Aber-fan': Defnyddiwyd capel Bethania, Aber-fan, fel marwdy ar gyfer y rhai a laddwyd yn y drychineb. Dymchwelwyd yr adeilad yn ddiweddarach gan mor boenus ei gysylltiadau, a chodi capel newydd ar yr un safle. Mae dwy linell gyntaf y gerdd yn adleisio'r disgrifiad proffwydol o Grist yn Eseia 53:3, a chyfeiria'r ddwy linell olaf at hanes Crist yn atgyfodi ei gyfaill Lasarus, brawd Mair a Martha o Fethania, yn Ioan 11.

'gŵyl y Gweryddon, 21 Hydref': Yr arfer mewn calendrau eglwysig canoloesol oedd nodi dyddiau gŵyl y seintiau pwysicaf – ac yn arbennig y rhai a ferthyrwyd – trwy ddefnyddio'r lliw coch. Yn ôl traddodiad, merthyrwyd Wrswla, ynghyd ag 11,000 o wyryfon a fu'n gwmni iddi, gan yr Hyniaid am iddi wrthod priodi eu pennaeth, ond gollyngwyd ei henw o'r Calendr Catholig yn 1969 oherwydd bod y ffeithiau pendant amdani mor brin. Ar ddygwyl y Gweryddon (= gwyryfon), 21 Hydref, y digwyddodd Trychineb Aber-fan.

'disgwyl': Enillodd y gerdd hon y wobr gyntaf yn y categori Cymraeg yn y gystadleuaeth farddoniaeth ryngwladol *Féile Filíochta*, 2006. Fe'i lluniwyd i nodi deugain mlwyddiant Trychineb Aber-fan.

'ynni': Dyma ffrwyth cydweithio â'r arlunydd Ifor Davies ar y prosiect 'Gair o Gelf' a drefnwyd yn rhan o ddathliadau Eisteddfod Genedlaethol Caerdydd a'r Cylch, 2008; mae'r gerdd wedi ei chorffori'n rhan o'i lun *Henlo*. Ystyr 'henlo' yw gweddillion hen dân y gellir eu defnyddio i gynnau tân newydd.

deuair distaw

'olion': Roedd y *villa* dan sylw wedi'i chladdu dan dirlithriad ers canrifoedd, ac roedd proses o'i hagor a'i hadfer ar waith pan ymwelais â'r lle. Sylwi ar olion traed anifeiliaid a phlentyn mewn teils clai ger ddrws yr amgueddfa wrth ymadael oedd ysbrydoliaeth y gerdd.

'ar ddechrau'r daith': Roedd y gerdd hon ymhlith enillwyr y categori Cymraeg yn y gystadleuaeth farddoniaeth ryngwladol *Féile Filíochta*, 2007.

'ger bedd Iarll Dwyfor': Chwaraeodd David Lloyd George rôl amlwg yn y Rhyfel Byd Cyntaf, yn Weinidog Arfau, Gweinidog Rhyfel ac wedyn yn Brif Weinidog Prydain.

'hud yn Nyfed (aros mae)': Yn ôl traddodiad, tarddodd y ffynnon hon ger y fan lle y rhoddodd Non enedigaeth i Ddewi Sant, a bedyddiwyd y bychan yn y dŵr. Cyfeirir yma at amryw o'r hanesion a gadwyd yn *Buchedd Dewi*, y 'bywgraffiad' i'r sant a luniwyd tua diwedd yr unfed ganrif ar ddeg. Mae'r teitl yn adleisio'r ymadrodd 'hud ar Ddyfed' yng nghainc Manawydan ym *Mhedair Cainc y Mabinogi*.

'ornithoffobia: colomennod': Goroesodd nifer o ddelweddau canoloesol sy'n dangos cenhedlu Crist gan yr Ysbryd Glân ar ffurf colomen yn hedfan i glust y Forwyn Fair, gan gynnwys enghraifft drawiadol yn Eglwys Llandyrnog, sir Ddinbych (*c*.1500). Cyfeirir yn y pennill cyntaf at gerdd Gwenallt, 'Colomennod', yn yr ail at y golomen a ddisgynnodd o'r nef adeg bedyddio Iesu yn afon Iorddonen, ac yn y trydydd at y golomen a chanddi big aur a ddysgai Ddewi yn *Buchedd Dewi*.

'ornithoffobia: peunod': Yn ôl hen gred, nid yw cnawd y paun yn pydru. O'r herwydd digwydd peunod yn aml mewn eiconograffeg Gristnogol yn symbol am y Crist atgyfodedig a'r bywyd tragwyddol; ceir enghreifftiau niferus ohonynt yn addurnwaith Llyfr Kells, llawysgrif sy'n cynnwys yr Efengylau mewn Lladin, ac a gopïwyd *c*.800. Geiriau agoriadol Efengyl Ioan yw'r dyfyniad Lladin ar ddechrau'r gerdd: 'Yn y dechreuad yr oedd y Gair'. Math o garreg las yw *lapis lazuli* y gwneid lliw glas disglair ohoni yn yr Oesoedd Canol at ddiben harddu llawysgrifau (ymhlith pethau eraill).

'ornithoffobia: eryr': Mewn eiconograffeg Gristnogol, digwydd eryr yn aml yn symbol am Ioan yr Efengylydd. Cyflwynwyd darllenfa bres ar lun eryr i Eglwys San Silyn, Wrecsam, yn 1524; dyma un o'r ychydig rai sydd wedi goroesi ym Mhrydain o'r cyfnod cyn-Brotestannaidd. Mae osgo goddefol yr aderyn a'i big di-fin yn cyferbynnu'n chwyrn â natur y creadur byw. Cyfeiria ail bennill y gerdd at yr eryrod a glyw Heledd mewn cylch o ganu englynol o'r nawfed ganrif, ac at Eryr Gwernabwy, un o'r 'Anifeiliaid Hynaf' yn chwedl *Culhwch ac Olwen*.

'cerdd ddarogan': Roedd y gerdd hon yn rhan o brosiect '26 Trysor', pryd y comisiynwyd 26 o awduron i ymateb i un o 26 o blith trysorau Llyfrgell Genedlaethol Cymru mewn 62 gair yn union. Llyfr Du Caerfyrddin yw'r llawysgrif hynaf o farddoniaeth Gymraeg a feddwn (tua chanol y drydedd ganrif ar ddeg), a chyfeirir yma at amryw o'r hen gerddi a gadwyd ynddo. Mae rhai o'r rheini ar fesur englyn milwr, ac mae darogan hefyd yn thema sy'n nodweddu nifer o gerddi'r Llyfr Du. Cadwyd y cyfeiriad cynharaf yn Gymraeg at Ysgolan yn y Llyfr Du, lle y'i cyflwynir fel clerigwr a losgodd eglwys a dinistrio llyfr. Yn ddiweddarach, sonnir amdano'n llosgi llawer o lyfrau Cymraeg gwerthfawr yn Nhŵr Llundain.

'coll cyntefin': Yn ôl Ifor Williams, byddai crybwyll y gog yn ein barddoniaeth gynnar bob amser yn cyflwyno cywair lleddf am mai ystyr *cw* mewn Hen Gymraeg oedd 'i ble?', gan atgoffa'r beirdd o hen gymdeithion a fu farw. Amcangyfrifwyd y bu gostyngiad o 61% ym mhoblogaeth cogau Prydain yn y cyfnod 1981–2006,

a 2009, pryd yr ysgrifennais y gerdd hon, oedd y flwyddyn gyntaf imi beidio â chlywed cân y gog gymaint ag unwaith. Ystyr 'cyntefin' yw dechrau'r haf, ac mae'r pennill cyntaf (mewn italig) yn ddyfyniad o 'Cyntefin ceinaf amser', hen gerdd a gadwyd yn Llyfr Du Caerfyrddin ac a drafodir gan R. Geraint Gruffydd yn *Ysgrifau Beirniadol IV* (1969). Yn ôl traddodiad, cân y gog gyntaf bob blwyddyn ar ddygwyl Brynach (7 Ebrill) oddi ar ben croes enwog Eglwys Nanhyfer, sir Benfro. Cyfeirir yma hefyd at ddau gylch o ganu o'r nawfed ganrif sy'n sôn am y gog a'i chân, sef Canu Claf Abercuog (ger Machynlleth) a Chanu Llywarch Hen.

cymhlethdod clwm

'i groesawu Trystan Marc i'r teulu': Tynnir ar y chwedl ganoloesol *Trystan ac Esyllt*. Mewn rhai fersiynau, anfonwyd Trystan dros y môr i gyrchu Esyllt ar gyfer ei darpar ŵr, March, ond syrthiodd y ddau mewn cariad yn ystod y daith. Ceisiwyd datrys y sefyllfa trwy bennu bod Esyllt yn rhannu ei hamser rhwng Trystan a March, gan fynd at y naill pan fyddai dail ar y coed ac at llall pan fyddai'r coed yn noeth. Dewisodd Esyllt fod gyda Trystan tra byddai dail ar y coed, gan fod coed fel eiddew a chelyn yn cadw eu dail ar hyd y flwyddyn.

137

'cinio i dair yn ASK': Enw ar gadwyn o fwytai Eidalaidd yw ASK.

'hafal': Mae'r dyfyniad gan Robert Recorde, y mathemategydd enwog o sir Benfro, yn cyfeirio at ei syniad newydd (ar y pryd) o osod dau gysylltnod yn gyfochrog â'i gilydd i ddynodi bod hafaliad yn cydbwyso.

'y wers gymesuredd': Cefais ymweld â'r ysgol gynradd Fanaweg ym mhentref St John's (Balley Keeill Eoin yn y Fanaweg) ar Ynys Manaw ym mis Gorffennaf 2012. Roedd y dosbarth yn dysgu am gymesuredd (*symmetry*) trwy orffen hanner lluniau o dai, cychod, yr haul etc., â chymorth drych bach. Fel yn achos ysgolion Cymraeg Cymru, daw cyfran uchel o blant y Bunscoill Ghaelghah o gartrefi lle nad yw'r Fanaweg yn cael ei siarad. Union gyferbyn â'r ysgol, yr ochr draw i briffordd yr A1, saif Bryn Tynwald, safle hynafol senedd Ynys Manaw.

'rebel': Y gerdd fuddugol yng nghystadleuaeth y gerdd *vers libre* yn Eisteddfod Genedlaethol Maldwyn a'r Gororau, 2003.

'y nawfed don': Roedd gan y Celtiaid barch mawr at y nawfed don, gan gredu bod ynddi rym arbennig. 'Tonnau' oedd testun cystadleuaeth y Gadair yn Eisteddfod Genedlaethol Abertawe a'r Cylch, 2006.

'cân Gwener': Yn ôl hen gred, mae pob planed yn canu nodyn gwahanol wrth iddi droelli trwy'r gofod. Y mae Gwener – y blaned a gysylltir yn draddodiadol â serch a harddwch – i'w gweld yn disgleirio'n isel yn yr awyr gyda'r hwyr ac yn y bore. Mae'r gerdd gyfarch hon yn adleisio nifer o brif ddelweddau a themâu awdl arobryn Jim Parc Nest, 'Nawr', a gyhoeddwyd yn ei gyfrol *Nawr* (2008).

'perl': Ystyr *mererid* yw 'perl'. Daw'r dyfyniad o'r gerdd 'Bygwth Gruffudd ap Cynan o Wynedd' gan Llywarch ap Llywelyn (Prydydd y Moch); ei ystyr yw 'Na fydded taenu fy ngherdd yn dy achos di / Fel taenu perlau o flaen moch'.

'anfon bwji melyn': Mae 'Newid Tir', awdl arobryn Tudur Hallam er cof am yr Athro Hywel Teifi Edwards, ar ffurf areithiau gan Gyffylog a Gwylan. 'Yr Wylan' oedd ffugenw'r bardd. Cymeriad yn chwedl *Culhwch ac Olwen* yw Gwrhyr Gwalstawd Ieithoedd, un a fedrai siarad ag anifeiliaid ac adar; ymgais tafod-yn-y-boch i drosi enw Dr Dolittle i'r Gymraeg yw 'Doctor Gneud-'chydig', yntau'n gymeriad a feddai ar yr un ddawn mewn cyfres o lyfrau Saesneg i blant.

'pow-wow': Mae pennu dyddiad Brwydr y Corn Bach Mawr (Little Bighorn), pan orchfygwyd General Custer gan Sitting Bull, yn cyfeirio at ddigwyddiad arwyddocaol yn nofel fuddugol Manon Rhys, *Neb Ond Ni*.

celf a cherdd

Cerddi a luniwyd yn rhan o gomisiwn Bardd Preswyl y Lle Celf yn Eisteddfod Genedlaethol Caerdydd a'r Cylch, 2008.

'lolfa las': Dewisais ganu'r gerdd hon ar fesur ailadroddus y filanél mewn ymateb i'r defnydd ailadroddus ar fotifau yn llun Ken Elias.

'mama mia!' Roedd y ffilm *Mamma Mia!* yn llenwi'r sinemâu adeg llunio'r gyfres hon, a chaneuon ABBA – gan gynnwys eu 'Dancing Queen' eiconig – ar wefusau merched o bob oed ledled y wlad.

'cynefin': Ychydig cyn ysgrifennu'r gerdd hon, roeddwn wedi sylwi ar y gwaith adnewyddu mawr a oedd wedi'i wneud ar hen gartref fy mam-gu a'm tad-cu. Tua'r un adeg clywais fod niferoedd y titw tomos las wedi gostwng yn sylweddol oherwydd y tywydd oer a gwlyb, a bod adar eraill wedi meddiannu eu hen nythod.

'dwylo: etymoleg cysur': Cerdd bapur yw hon – cerdd i'r llygad yn hytrach nag i'r glust: fel yn achos y profiad a gyfleir, nid oes angen dweud y geiriau. Ystyr 'etymoleg' yw 'tarddiad geiriau': dyma faes rwy'n ymddiddori ynddo, ond rhaid pwysleisio nad oes sail academaidd ddilys i'r geirdarddiad a gynigir yma! Etymoleg emosiynol yn hytrach nag ymenyddol ydyw.

'symudiad ymosodol': Cyfeiria'r teitl at fudiad a oedd yn fraich genhadol i enwad y Methodistiaid Calfinaidd Cymreig a sefydlwyd yn niwedd y bedwaredd ganrif ar bymtheg. Un nodwedd arbennig ar y Symudiad Ymosodol (*Forward Movement*) oedd y lle amlwg a roddid i ferched o ran arwain a phregethu. Lluniais y gerdd hon yn ystod yr wythnos y pleidleisiodd Synod Eglwys Loegr ar fater cysegru merched yn esgobion.

'wara cwato': Dr Ceinwen H. Thomas oedd prif ddehonglydd tafodiaith Cwm Taf – y Wenhwyseg – a cheisiais efelychu prif nodweddion y dafodiaith honno yma: y sain 'a' yn y sillaf olaf ddiacen lle mae tafodieithoedd eraill y De yn rhoi 'e'; yr 'æ' fain yn lle 'â' mewn geiriau unsill; a'r ffaith nad yw'r sain 'h' yn digwydd yn y dafodiaith honno, ac eithrio wrth bwysleisio. (Y nodwedd olaf hon sy'n peri bod teitl llun Anthony Stokes yn gwbl eironig, gan nad oes 'h' yn agos at y gair 'Tre'afod' yn ôl ynganiad trigolion cymoedd Taf a Rhondda.) Cyfeirir hefyd at enghreifftiau o rigymau plant, galwadau masnachwyr y stryd (*street cries*), emynau llafar, etc., a gofnododd Dr Ceinwen H. Thomas yn ei hastudiaeth bwysig, *Tafodiaith Nantgarw* (1993). Er gwaethaf y trai ar y Wenhwyseg, ac yn wir ar y Gymraeg bellach, 'dyw'r wara ddim ar ben'.

cydnabyddiaethau: lluniau

Mae'r awdur a'r cyhoeddwr yn ddiolchgar iawn i'r canlynol am ganiatâd i atgynhyrchu'r delweddau yn y gyfrol hon a hoffem bwysleisio mai'r arlunwyr a'r ffotograffwyr gwreiddiol yw perchenogion yr hawlfraint ar y gweithiau hynny. Diolch hefyd i'r Eisteddfod Cenedlaethol am eu cymorth gyda delweddau'r adran 'cerdd a chelf' a ymddangosodd yn y Lle Celf yn Eisteddfod Genedlaethol Caerdydd a'r Fro, 2008

'arddangosfa' ac 'ymgolli mewn cusan': *Y Gusan* (*La Baiser*), Auguste Rodin; Casgliad y Chwiorydd Davies, Amgueddfa Genedlaethol Caerdydd

'y Ffrances a'r Gymraes': *La Parisienne*, Pierre-Auguste Renoir; Casgliad y Chwiorydd Davies, Amgueddfa Genedlaethol Caerdydd

'cysgod y gadeirlan': *Eglwys Gadeiriol Rouen: Machlud Haul* (*La Cathédrale de Rouen, Le Portail au Soleil*), Claude Monet; Casgliad y Chwiorydd Davies, Amgueddfa Genedlaethol Caerdydd

'ar oleddf': *Glaw – Auvers*, Vincent van Gogh; Casgliad y Chwiorydd Davies, Amgueddfa Genedlaethol Caerdydd

'hedfan': *Cymylau Arian* (*Silver Clouds [Warhol Museum Series], 1994*); Casgliad The Andy Warhol Museum, Pittsburgh, Pennsylvania

'blodau Mair': *Madona'r Geian* (*La Madonna dei Garofani*), Raffaello Santi [Raphael]; Yr Oriel Genedlaethol, Llundain. [Prynwyd gyda chymorth Heritage Lottery Fund, The Art Fund (gyda chyfraniad gan Wolfson Foundation), American Friends of the National Gallery, London, George Beaumont Group, Syr Christopher Ondaaje a thrwy apêl gyhoeddus, 2004]

'gollwng': *Creu Adda* (*Creation of Adam*), Michelangelo Buonarroti; Nenfwd y Capel Sistinaidd, Rhufain

'noethlun': *Dawns y Gorchuddion* (*Dance of the Veils, 1907*), Pablo Picasso; The State Hermitage Museum, St Petersburg © Succession Picasso / DACS, London 2013

'lliwddall': *Trefniad mewn Llwyd a Du* (*Arrangement en gris et noir no 1, ou la mère de l'artiste*), James Abbott McNeill Whistler; Musée d'Orsay, Paris

'ynysig': *Noethlun Glas*
(*Blue Nude, 1902*), Pablo Picasso;
casgliad preifat © Succession
Picasso / DACS, London 2013

'ynni': *Henlo*, Ifor Davies

'ornithoffobia: colomennod':
Cyfarchiad Gabriel i'r Forwyn Fair,
Eglwys Sant Tyrnog, Llandyrnog,
sir Ddinbych; ffotograff gan
Peter Lord

'ornithoffobia: peunod':
Llyfr Kells (Llsgr. Coleg
y Drindod 58, ffolio 32v);
Board of Trinity College Dublin

'ornithoffobia: eryr': darllenfa
Eglwys San Silyn, Wrecsam;
ffotograff gan Charles & Patricia
Aithie / ffotograff

'cerdd ddarogan': Llyfr Du
Caerfyrddin (Llsgr. Peniarth 1,
ffolio 4r); Llyfrgell Genedlaethol
Cymru

'cân fud': *Blaen Ffrancon rhif 1*,
Kyffin Williams; Amgueddfa
Genedlaethol Caerdydd

'lolfa las': *Tirlun Annileadwy*,
Ken Elias

'mama mia!'*: Korny Krispies*,
Boris Tietze

'arddodiad dwylo': *Defod a
Phroses (Troi)*, Sam Bakewell

'cyffordd': *Ysbaid*, Nathan Ford

'cynefin': *Cegin Ora Nain a Taid*,
Eleri Jones

'cynllun strategol':
Y Ddwy Ford, David Hastie

'dwylo: etymoleg cysur':
Bryn a Doreen Lewis, Sam Bakewell

'symudiad ymosodol':
Nerth Gwahanol, Hywel Harris

'gwyrdd': *Taffiti Graffiti*,
Bethan Ash

'wara cwato': *Aitsh, Trehafod*,
Anthony Stokes

cydnabyddiaethau: cerddi

'ornithoffobia: colomennod':
Barddas, rhif 288, Mehefin /
Gorffennaf 2006, t.18

'ornithoffobia: eryr': *Barddas*,
rhif 293, Mehefin / Gorffennaf
2007, t.39

'ornithoffobia: peunod': *Barddas*,
rhif 297, Mawrth / Ebrill 2008, t.10

'disgwyl': *18th Annual Féile Filíochta
International Poetry Competition*
(Dún Laoghaire-Rathdown, 2007),
t.52; ailgyhoeddwyd yn *Barddas*,
rhif 292, Ebrill / Mai 2007, t.10

'ar ddechrau'r daith': *Féile Filíochta:
Poems in 10 Languages* (Dún
Laoghaire-Rathdown, 2008), t.84;
ailgyhoeddwyd yn *Barddas*, rhif
299 / 300, Awst / Medi / Hydref
2008, t.51

'hud yn Nyfed': *Barddas*, rhif 303,
Ebrill / Mai / Mehefin 2009, t.11

'cân fud': *Barddas*, rhif 307, Ebrill /
Mai / Mehefin 2010, t.22

'wyna, Tynewydd': *Cerddi'r Cymoedd*,
gol. Manon Rhys (Llandysul:
Gwasg Gomer, 2005), t.48

'rebel': *Cyfansoddiadau a
Beirniadaethau Eisteddfod
Genedlaethol Cymru, Maldwyn a'r
Gororau, 2003* (Llys yr Eisteddfod
Genedlaethol, 2003), tt.106-8

'llinellau lliw': *Cyfansoddiadau
a Beirniadaethau Eisteddfod
Genedlaethol Eryri a'r Cyffiniau,
2005* (Llys yr Eisteddfod
Genedlaethol, 2005), tt.37-45

'ynni': *Gair o Gelf* (Caerdydd:
Pwyllgor Apêl Eisteddfod
Genedlaethol Caerdydd a'r Cylch,
2007), t.16; ailgyhoeddwyd yn
Barddas, rhif 296, Ionawr /
Chwefror 2008, t.13

'ger bedd Iarll Dwyfor': *Golwg*,
18 Awst 2005, t.17

'egni': *Taliesin*, cyfrol 123,
Gaeaf 2004, tt.26–35

'celf a cherdd' [cerddi'r Lle Celf,
Eisteddfod Genedlaethol
Caerdydd a'r Cylch, 2008]:
Taliesin, cyfrol 135, Gaeaf 2008,
tt.50–72

'yn eglwys Locronan': *Taliesin*,
cyfrol 144, Gaeaf 2011, tt. 94–5

'cerdd ddarogan': *26 Treasures:
4 National Museums, 104 objects,
62 words each*, gol. John Simmons
(London: Unbound, 2012), t.43